교실에서 시작하는 민주시민교육

보이텔스바흐 수업

참여와 실천을 배우는 논쟁 학습

교실에서 시작하는 민주시민교육
보이텔스바흐 수업

보이텔스바흐 수업연구회 지음

학교
도서관
저널

추천사

보이텔스바흐 수업으로 익히는 참여와 실천의 민주시민교육

━ 최근 들어 민주시민교육의 필요성을 강조하는 이론서들이 많이 출판되고 있습니다. 특히 이 책들은 독일과 유사점이 많은 우리나라에서 보이텔스바흐 원칙에 입각한 민주시민교육이 필요하다는 점을 강조하고 있습니다. 그런데 학생들에게 보이텔스바흐 합의 원칙에 입각한 민주시민교육을 어떻게 가르칠 것인가에 대해 고민한 책들은 찾아보기 힘듭니다.

이번에 출간된 『보이텔스바흐 수업』은 학교 현장에서 보이텔스바흐 합의 원칙에 입각하여 민주시민교육을 어떻게 할 것인가에 대해 확실한 방향성을 제시하고 있어 그 의미가 크다고 하겠습니다.

더욱 의미 있는 점은 보이텔스바흐 수업연구회가 2016년 독일 정치교육원을 방문하여 보이텔스바흐 합의 원칙을 통한 민주시민교육이 어떻게 이루어지고 있는지 현장 연수를 하였고, 이를 바탕으로 몇

년간의 연구를 통해 수업을 설계하였다는 점입니다.

그리고 보이텔스바흐 합의 3가지 원칙이 수업 방법으로서 적합한지를 알아보기 위해 여러 차례 수업을 시현하고 진행한 사례들을 학교급별·교과별로 제시하여 학교 현장에서 즉시 활용할 수 있다는 점입니다.

통일된 우리나라의 미래를 바라보며 교육을 준비하는 자발적 연구모임이 인천에 있다는 것이 교육감으로서 자랑스럽고 뿌듯합니다. 그리고 우리 인천시교육청이 추구하는 동아시아 시민교육과 인천교육과정과 맥락이 맞닿아 있어 시사하는 바도 크다고 할 것입니다.

이 책이 학생들을 실천하는 민주시민으로 자라도록 하는 데 지침서로 활용되길 기대해 봅니다.

2020년 2월
『보이텔스바흐 수업』 발간을 축하하며
인천광역시교육감 도성훈

추천사

민주주의는 저절로
주어지지 않는다

▬ 1976년 가을 독일 바덴-뷔르템베르크 주 정치 교육원이 보이텔스바흐에서 주최한 정치 교수법 전문가들을 대상으로 한 회의에서 보이텔스바흐 합의Beutelsbacher Konsens(합의의 상세한 내용은 본문 내용 참조)가 만들어졌으며 이는 독일 정치교육Politische Bildung의 원칙으로 자리매김하였다.

독일(당시 서독)은 2차 대전 이후에 정치교육을 모범적으로 실시해온 국가로 잘 알려져 있으며 이는 20세기 초반과 중반에 독일이 경험했던 정치·사회적 극단주의(바이마르 공화국의 실패와 나치즘의 발호)에 대한 반작용이었다. 민주주의는 저절로 얻어지는 것이 아니며 이에 대한 교육이 필요하다는 뼈저린 체험에서 우러나온 결정이었다.

이러한 맥락에서 토론을 통해 민주주의 및 정치, 사회, 경제, 역사, 문화 등 우리가 살아가는 사회 전반에 관한 내용을 파악하고 그에 대한 스스로의 견해와 입장을 가지는 것은 반드시 필요한 일이다. 이는 2차 대전 직후 나치 역사의 어두운 그림자를 걷어내고 새로운 정상 사회로 나가기 위한 당시 서독 사회에서뿐만 아니라 이후 시대의 변천과 함께 지속적으로 대두되는 사회의 현상들에 대처하기 위해서도 마찬가지였으며, 30년 전 이루어진 독일의 통일이라는 역사적 변화를 완성하기 위해서도 반드시 필요했다.

보이텔스바흐 합의가 담고 있는 내용과 현재의 한국 사회 그리고 우리의 교육 현실을 감안해 볼 때 지금이 바로 정치교육(20세기에 겪은 극단적인 정치적 이념 대립으로 인해 아직도 정치교육이라는 명칭을 사용하지 않고 에둘러서 '민주시민교육'이라는 단어를 사용하고 있는 것이 우리나라의 안타까운 실정이다.)이 절실하게 필요한 시점이다. 인간은 사회와 제도의 틀을 떠나서 생활할 수 없기 때문에 우리가 살아가고 있는 사회적 환경을 그 주체인 우리가 만들어 가기 위해서는 그 내용을 파악하고 그에 대한 생각과 입장을 정리하는 작업이 필수적이기 때문이다.

이러한 배경에서 이 책의 발간은 매우 소중한 작업이며 우리 사회에 빛과 소금의 역할을 분명히 할 것이다.

2020년 2월

한스 자이델 재단 한국사무소 사무국장 김영수

책을 시작하며

대립이 아닌 존중을,
불평이 아닌 실천을 배우는
새로운 교수-학습 방법

━ 2019년 선거법 개정안이 국회 본회의를 통과하여 만 18세로 투표 연령이 하향 조정되면서 고등학교 3학년 유권자에게 정치 참여의 법적 권리가 주어졌다. 교실에서의 정치교육·민주시민교육으로 우리 아이들의 자유로운 토론과 참여 의식을 고취시키는 데 이 보이텔스바흐 수업은 시기적절함에 틀림없다.

교수-학습 방법은 교사의 수만큼 다양할 수 있다. 그리고 어떤 수업 방법이 어떤 내용에 적합한지 객관적으로 제시할 수 없다. 그것은 학습자와 교수자가 누구인가에 따라 달라지기도 하고 교육 환경과 교육 내용·방법에 따라 달라지기도 하기 때문이다.

보이텔스바흐 원칙에 의한 수업 방법도 이렇게 다원적인 수업 방법 중 하나일 것이다. 우리 연구회에서 보이텔스바흐 원칙의 수업 방법에 관심을 갖게 된 것은 통일 후 교육 방법에 대한 고민에서 출발하였고, 그 해답은 앞서 통일을 이룬 독일 사례에서 찾을 수 있었다.

독일 통일에 관심을 가진 우리는 2016년 8월 한스자이델재단의 초청을 받아 5일간 구 동독지역의 연방정치교육원과 뒤링엔주정치교육원을 방문하였고, 보이텔스바흐 원칙이 독일 정치교육의 기본이 되었음을 알게 되었다. 독일의 정치교육은 서구나 한국에서의 민주시민교육과 동일한 의미로, 구 서독지역 학교에서 사회 이슈에 대해 생각할 수 있는 기회를 제공하기 위해 처음 시작되었다. 민주시민교육의 핵심은 '가치를 일깨워주는 것'이며, 민주주의란 '의견을 말하는 방식, 다름을 받아들이고 만들어가는 것'으로 정의하고 있었다.

보이텔스바흐 원칙은 1) 강압 금지(교화 금지), 2) 논쟁 원칙, 3) 정치와 생활의 연계라는 3가지 원칙으로 구성되어 있다. 이 원칙들은 어떤 주장이나 의견을 강요해서는 안 되고, 우리 사회의 다양한 문제들을 교실 안에서 논쟁하게 하며, 학생 개개인의 최종 입장을 실생활에서 실천할 수 있는 역량을 기르는 교수법으로 활용할 수 있다. 교사는 이 원칙들을 지키기 위해 주입식으로 강의하지 않고, 다양성을 인정해 주며, 학생 스스로 사회현상을 이해하고 분석할 수 있게 도와주어야 한다. 민주시민교육 방법이나 논쟁수업으로 활용되기도 하는 이 원칙을 우리 연구회에서는 새로운 교수-학습 방법으로 활용하고자 한다.

교실 수업에서는 아이들의 삶과 연결되는 내용이 다뤄져야 하며 학생들이 다양한 의견을 말할 수 있어야 한다. 주도성을 가지고 판단할 수 있는 능력을 키우기 위해서는 논쟁적인 관점을 유지하는 가운데 행동할 수 있는 행위 역량이 매우 중요하다. 보이텔스바흐 원칙의 수업 방법은 이러한 점을 교실 수업에서 구현할 수 있도록 2018년 고안하여 2년간 수업을 진행하였고, 2020년 빛을 보게 되었다.

/ 차례

추천사　보이텔스바흐 수업으로 익히는 참여와 실천의 민주시민교육
　　　　　_도성훈 인천광역시교육감　/ 004

　　　　민주주의는 저절로 주어지지 않는다
　　　　　_김영수 한스 자이텔 재단 사무국장　/ 006

책을 시작하며　대립이 아닌 존중을, 불평이 아닌 실천을 배우는 새로운
　　　　　교수-학습 방법　/ 008

1장 논쟁이 살아 있는 교실
　　－보이텔스바흐 수업의 이해

　　왜 지금, 보이텔스바흐 수업인가?　/ 014

2장 야금야금 교실에서 시작하는 논쟁
　　－보이텔스바흐 원칙을 적용한 초등 수업 사례

　　　수업 사례 1　초등 창체
　　　　　동물 복지에 관하여　/ 026
　　● 논쟁 수업 1　동물원은 필요한가?
　　● 논쟁 수업 2　동물 실험이 필요한가?
　　　수업후기　일상에서 보이텔스바흐 원칙이 필요한 순간들

　　　수업 사례 2　초등 도덕
　　　　　이슈 논쟁, 초등 저학년도 가능하다　/ 051
　　● 논쟁 수업　벽돌 던진 초등학생, 처벌받아야 할까?
　　　수업후기　야금야금 교실에서 시작한 민주시민교육

수업 사례 3 `초등 사회`
화장에 관한 학생 조례 만들기 　/ 075
● **논쟁 수업**　초등생 화장을 허용해야 하는가?
수업후기　다름이 틀림이 되지 않는 세상을 꿈꾸며

3장 교실, 열띤 논쟁의 장이 되다
– 보이텔스바흐 원칙을 적용한 중등 수업 사례

수업 사례 1 `중등 체육`
체육 시간에 논쟁하기 　/ 094
● **논쟁 수업**　'인사 안 해서 은메달' 타당한가?
수업후기　공부와 삶이 분리되지 않는 교육

수업 사례 2 `중등 교과 융합`
난민 수용! 찬성 vs. 반대 　/ 110
● **논쟁 수업**　'난민 수용' 사회 이슈와 개인 삶의 연결
수업후기　나와 다른 생각을 자유롭게 말할 수 있는 사회

수업 사례 3 `중등 국어`
남북한 언어통일 논쟁 　/ 129
● **논쟁 수업**　남북한 언어의 이질화, 어떻게 극복할 것인가?
수업후기　논쟁 수업에서 교사의 역할

수업 사례 4 `중등 국어`
　　　　BTS와 춤을　/ 149
● **논쟁 수업**　전통 춤 퍼포먼스가 창작물일까, 문화유산일까?
　수업후기　실패한 경험도 소중한 교육이다

수업 사례 5 `중등 사회`
　　　　우리 사회는 양성이 평등한가?　/ 164
● **논쟁 수업**　여성 차별 vs. 남성 역차별
　수업후기　사회과 교사로서의 정체성을 확인시켜준 수업

수업 사례 6 `중등 생명과학`
　　　　인공지능 시대의 이해　/ 183
● **논쟁 수업**　인공지능 로봇을 인간으로 인정할 수 있을까?
　수업후기　탐구 능력을 키우는 데 효과적인 과학 논쟁 수업

4장 보이텔스바흐 원칙의 이론적 배경
　-정치와 이념 갈등을 넘어선 민주시민교육　/ 204

|자료| 보이텔스바흐 수업에 활용할 만한 흥미로운 주제들　/ 221

이 책을 추천합니다!　/ 234

1장

논쟁이 살아 있는 교실

보이텔스바흐 수업의 이해

왜 지금,
보이텔스바흐 수업인가?

현재 유럽연합 국가들에서 보편적으로 적용되고 있는 보이텔스바흐 원칙은 본래 학교 정치교육의 지침으로 만들어졌으나 모든 교육 영역으로 확대 적용되고 있다. 독일은 과거 나치에 대한 반성을 바탕으로 정치교육을 필수과목으로 편성해 운영하고 있고 통독 이후 민주주의 체제 유지와 사회통합을 위해 강화하고 있다. 합의된 원칙을 교육 현장에 비추어 좀 더 자세히 살펴보면 다음과 같다.

첫째, 강압 금지(교화 금지)이다. 교육의 목적은 학생 스스로 독립적으로 판단할 수 있도록 지원해야 한다. 학생들은 사회적 쟁점이나 사안에 대해서 잘 모를 수 있기 때문에 교사는 자신의 주관에 따라 무엇이 바람직한 견해인지 알려주거나 강요해서는 안 된다.

둘째, 논쟁 원칙이다. 사회적으로 이슈가 되고 있는 논쟁 사항은 학교에서도 다루어져야 하며 다양한 견해, 비판적이고 대안적인 의견을 균형 있게 제시하고 이에 대한 토의와 토론을 진행해야 한다. 특히 사회에서 일어나는 논쟁적인 주제는 교실 수업에서도 대립적 입장이 드러나게 논의되어야 한다.

셋째, 정치와 생활의 연계이다. 학생들이 자신들 스스로 정치적 상황과 이해관계를 고려한 실천 능력을 기를 수 있도록 해야 한다. 교육을 통해 학생들이 정치적 상황과 자신의 위치 및 개인적 이익을 연계하여 파악하며 분석해서 자율적으로 최종적 결론을 도출할 수 있도록 해야 한다. 학생 자신의 이익을 위해 정치적 상황에도 영향을 끼칠 수 있어야 한다.

통일 시대를 대비하는 창의 수업

갑작스럽게 찾아온 동독과 서독의 통일은 여러 분야에서 혼란을 불러왔는데 교육 분야에서도 마찬가지였다. 보이텔스바흐 원칙은 이러한 혼란에서 등대 역할을 해주었고, 건강하게 열려 있는 논쟁 학습을 통해 아이들은 사고와 가치의 성숙을 경험할 수 있었다. 우리나라도 독일과 같이 갑작스럽게 통일이 되었을 때 수업 내용과 방법을 어떻게 할 것인지를 두고 혼란이 일어날 수 있다. 따라서 독일의 보이텔스바흐에서 합의된 원칙을 수업 방법으로 활용할 경우 미래 통일된 우리나라에서 교육의 혼란을 최소화하는 데 기여할 것으로 본다.

보이텔스바흐에서 합의된 원칙이 현재 우리나라 교실 수업의 문제점을 해소할 수 있는지에 대해 다섯 가지 관점에서 생각해 보았다.

하나, 교실에서 학생이 정치적 의견을 표현할 수 있는가?

우리나라는 OECD 국가의 사회 갈등 지수에서 34개국 중 3번째로 사회 갈등이 심한 국가로 조사되었다.[1] 급격한 사회 변화와 사회적 신뢰 부족으로 계층, 세대, 성별, 이념 간 갈등 문제가 어느 때보다도 복잡하고 다양한 형태로 발생하여 사회 통합을 위협하고 있는 현실이다. 또한 인터넷 매체가 발달함에 따라 학생들은 정치적, 경제적 상황이나 사회 문제, 국제적 이슈 등을 실시간으로 접할 기회가 많아졌다. 그러나 학교는 여러 가지 제약으로 인해 사회적 흐름을 교육에 적용하지 못하고 있다. 이제는 학생들도 자신의 정치·사회적 입장을 표명하기 위한 정보를 취사선택하고 올바른 견해를 가질 수 있어야 한다. 특히 스스로 판단하고 표출하는 능력을 키우는 기회를 가져야 한다.

이를 실현하는 방법으로 사회적, 경제적, 정치적 쟁점에 대한 관심을 자연스럽게 교실 수업과 연계해야 한다. 학생들은 교실 안에서 교내 생활뿐 아니라 학교 밖 더 나아가 글로벌 이슈까지 관심을 가질 수 있어야 한다. 하지만 학생들이 생각하고 나누는 수업은 현재로서는 제약이 많다. 그런데 보이텔스바흐 원칙을 적용하면 이러한 문제를 상당 부분 해결할 수 있다. 사회적으로 이슈가 되는 논쟁을 학교에서도 다룰 수 있고 이를 통해 학생들이 정치·사회적 상황에 대해 자율적으로 판단하고 실천할 수 있기 때문이다.

둘, 메리토크라시 패러다임에 빠진 교실에서 벗어나기

하지만 우리 교실의 현실은 어떠한가. 현재 교실은 능력이나 실적

---

[1] 'OECD 국가별 사회갈등지수 순위', 출처: 2016.11.21. 뉴시스

을 중시하는 메리토크라시[2] 패러다임에 사로잡힌 입시 중심 교육으로, 학생 중심 수업을 하기에는 어려움이 많다. 가치교육이나 지식 위주의 교사 중심 수업에서는 학생을 선별하는 데 역점을 두기 때문에 자주적이고 창의적인 문제해결 역량을 키우기에는 부족함이 많다. 또한 우리 사회의 극심한 이념 대립으로 인해 정치교육을 하기가 불편한 것이 사실이다.

어떻게 하면 학생들에게 정치적인 사안에 대한 다양한 견해와 문제 해결, 갈등 해결의 가능성을 제시하여 학생 스스로 판단하고 결정하며 행동할 수 있는 능력을 갖추게끔 성장시킬 수 있는지에 대한 고민이 따른다. 이를 위해서는 학생들이 주체로서 스스로 판단하고 비판하고 결정하는 능력을 높여 주어야 한다. 사회의 여러 가지 문제에 대해 분석, 성찰, 비판, 평가하는 판단력의 고양을 핵심과제로 삼으며 실천에 대한 자기 결정을 지향해야 한다.

셋, 학생들이 부모의 성향에 지배당하고 있다?

미래의 변화를 실감하면서 지능정보화 사회를 살아갈 우리 아이들에게 가장 중요한 것은 자기주도적인 문제 해결 능력과 다양한 사회의 여러 문제를 분석, 성찰하고 평가할 수 있는 능력이다. 그래야 수많은 정보가 난무하는 가운데 바른 정보인지 아닌지를 판단하고 선별할 수 있으며 자신의 입장과 이익 관계에 대해 적극적으로 대처할 수 있기 때문이다. 4차 산업혁명 시대 교육은 지식보다 삶의 역량을 길러 학생들이 협업을 통해 문제를 해결할 수 있게 해야 한다.

---

[2] 메리토크라시meritocracy. 출신이나 가문 등이 아닌 능력이나 실적, 즉 메리트merit에 따라서 지위나 보수가 결정되는 사회체제.

만약 학생들이 부모의 성향이나 자녀의 성공만을 바라는 일방적 열망에 지배당한다면 이는 민주주의의 발전과 존립에도 큰 영향을 미치게 될 것이다. 보이텔스바흐 수업은 현재의 학부모 성향에서 벗어나 자기주도적 문제 해결력을 키우기 위한 방법으로 활용될 수 있다. 보이텔스바흐 합의는 우리가 일상생활에서도 늘 접하는 말하기 방식이며 상대방의 생각을 통해 집단 지성을 나누며 창의적인 사고력도 키울 수 있기 때문이다. 논쟁 수업을 통해 학생들은 일방적인 부모와 어른들의 입장에 지배당하지 않고 자신의 가치판단과 성향을 정립해갈 수 있다.

넷, 평가 방법의 변화가 필요한 시기

학교는 상대평가를 통해 좀 더 객관적이고 공정한 평가를 하기 위해 노력한다. 이런 환경에서 협력이나 토의는 있을 수 없다. 서로에 대한 지원보다는 경쟁으로 수업이 진행되기 때문에 나와 다른 의견을 경청해 듣거나 의견을 말하지 않는다. 이는 수업 진도에도 방해로 여겨질 뿐이다.

그러나 2015개정 교육과정의 도입으로 절대평가와 수행평가의 확대 및 인지적 영역뿐만 아니라 정의적 영역 평가의 중요성이 부각되면서 이러한 수업이 교과 전반에서 이루어질 수 있는 여건이 조성되고 있다. 보이텔스바흐에서 합의된 원칙을 바탕으로 하는 수업이 확산되기 위해서는 학생은 물론 교사의 인식 전환이 필요하다.

교사는 짝 토론이나 모둠별 토론 과정에 개입이 아닌 촉진자의 역할을 하며 학생들의 성장을 관찰하고 기록을 통해 평가해야 한다. 학생들이 자기주도적으로 활동하고 자기 평가 및 점검을 할 수 있도록 피드백을 해주고, 배울 점과 개선점 등의 상호 평가를 통해 서로의 성장을 이끌어주도록 도와야 한다. 또한 수업을 통해 문제 해결력 및 비판적 사고력을 키울 수 있도록 학생들이 흥미를 가질 화제에 대한 다양한 관점의 글을 비판적으로 재구성할 수 있는 경험을 제공해야 한다. 보이텔스바흐에서 합의된 원칙에 대한 공감이 전제된 가운데 학생들은 수업 과정에서 배우며 자기 생각을 말하고 의사를 전달하는 과정을 통해 성장하게 된다.

다섯, 생각하는 아이들로 자라게 하기

보이텔스바흐 수업은 학생들과 함께 자유롭게 생각을 나눌 수 있는 기반이 된다. 그동안 교사는 이슈가 되는 주제를 학생들이 자유롭게 선정하지 못하도록 막고 있었다. 보이텔스바흐 수업을 통해 사회적 문제를 공감하고 생각을 자유롭게 나누는 과정에서 학생들은 자신의 이익관계에 따라 자기주도적인 입장을 갖고 이를 삶과 연계하여 영향력을 행사할 수 있게 된다.

세계화로 인해 혼자 똑똑해서는 살아갈 수 없는 사회가 되었다. 더불어 살아가면서 자신의 의견을 말하고 서로의 생각을 공유하면서 안목을 넓혀가야 한다. 질문은 서로의 신뢰 관계에서 시작되며 토론을 통해 활성화된다. 또한 상대방의 의견을 수용하고 성장해 나가는 과정은 우리 아이들이 미래를 살아가게 하는 힘이 될 것이다.

존중에서 출발해 참여로 완성하는 민주시민교육

보이텔스바흐 원칙을 교육 현장에 적용하고 실천하는 일은 간단치 않다. 20명이 넘는 학급에서 논쟁 수업을 진행하는 일은 결코 쉽지 않으며, 교사가 일정 부분 준비물을 만들고 수업 방법을 숙지시켜야 하기 때문에 다른 수업에 비해 손이 많이 갈 수 있다. 노력이나 시간을 들인 만큼 만족할 만한 수업으로 이어지지 않는다는 것은 학생들이 중심이 되는 수업을 해본 교사라면 누구나 공감할 것이다. 침묵하는 아이들, 귀찮아 하는 태도, 소극적인 참여 모두 교사를 더욱 의기소침하게 만든다. 그러나 우리는 아이들이 살아가면서 여러 문제를 해결하는 연습을 학교에서 미리 경험하게 해주어야 한다.

학생을 민주시민으로 양성하는 교육과정에서 보이텔스바흐 원칙은 매우 중요하다. 보이텔스바흐 원칙이 교사나 교육 당국이 아닌 학생이 주체가 되어야 한다는 점을 명확히 하기 때문이다. 그리고 다양한 수업 방법과 학생의 적극적 사회 참여를 전제하고 있기 때문이다.

수업의 복잡한 절차나 규칙에 대한 중압감을 버리고 학생들 특성과 수준에 맞게 수업을 변용하여 쉽게 다가가자. 수업 내용이 아이들의 삶과 연결되어 있을 때 아이들은 상상 이상의 창의력과 능력을 끌어낼 수 있다.

학생들이 내린 결론이나 이해관계의 위치를 있는 그대로 존중해주는 교육 문화가 정착된다면 학생들은 얼마든지 학교에서 긍정적인 관계를 맺고 상호작용과 협력적 관계 속에서 민주주의를 배우며 다양한 토의·토론 상황을 통해 자신의 견해를 당당히 수립하고 표현하는 민주시민으로 성장해갈 것이다.

보이텔스바흐 수업 모형

우리 실정에 맞게 6단계 모형화

독일에서 이루어진 정치교육이 우리나라 교실 현장에 효과적으로 구현되기 위해서는 우리 현실에 맞는 수업 모형이 필요하다. 이에 강압과 주입을 금지하고 적극적으로 논쟁하며 정치와 생활을 연계하는 보이텔스바흐 원칙을 수업 전략으로 활용하면서 수업 절차에 맞게 6단계로 적용할 수 있게 하였다. 그 과정과 내용을 수업 흐름도로 정리하면 다음과 같다.

보이텔스바흐 원칙에 따른 논쟁 수업 흐름도

과정	내용
❶ 상황 던지기	• 교사가 논쟁 배경 안내 • 논제 정하기 • 학생이 배경지식 스스로 찾기
❷ 쟁점 찾기	• 다양한 관점 찾아 내용 정리하기 • 찬반 선택 시 이해관계 분석하기
❸ 입장 드러내기	• 나의 관점 정하기 • 입장과 근거 정리하기
❹ 논쟁하기	• 논의 제시 순서: 찬성 측-반대 측 • 질문 또는 반박하기 순서: 반대 측-찬성 측 • 자신의 이해관계에 어떤 영향을 줄 수 있는지 정리하기
❺ 최종 입장 정하기	• 1차에서 정한 입장을 바꿀 수 있는 기회 부여하기 • 자신의 입장 굳히기
❻ 실천 의지 다지기	• 자신의 입장을 정당화하고 다양한 생활 장면에 적용하기

① **상황 던지기(문제 인식)**

'상황 던지기'는 논쟁이 될 만한 상황을 학생들에게 제시하는 것이다. 던진다는 것은 그야말로 가공되지 않은 상황을 제시한다는 의미로, 제시된 내용을 통해 학생들 스스로 그 내용이 의미하는 것을 파악하는 단계라고 할 수 있다.

상황은 다음 단계의 쟁점거리가 될 수 있는 것으로 제시되어야 한다. 예를 들어 "소설 『소나기』에 나오는 소년 소녀의 혈액형은 무엇인지 궁금한데?"라고 교사가 학생들에게 발문을 하였다고 가정해 보자. 이 '상황 던지기'는 혈액형을 통해 성격을 알아볼 수 있는가의 상황일 수도 있고, 소년 소녀의 혈액형을 어떻게 알아낼 수 있는가의 상황일 수도 있다. 상황은 참여 학생들에 의해 변할 수 있고 가공될 수도 있다는 점에서 매력이 있다. 상황은 가르치려는 것과 현실 생활의 관련성이 밀접할수록 좋다. 그래야 문제를 해결하려는 의지를 갖게 되기 때문이다. 따라서 상황을 찾기 위해서는 신문, 최근 이슈, 교과서의 재구성이 필수적이다. 상황을 던질 때 교사의 의견이 개입되어서는 안 되지만 "어떻게 생각해?" "문제가 무엇이지?" 등의 질문은 할 수 있다.

② **쟁점 찾기**

'상황 던지기'에서 나온 의견이 논쟁으로 이어지는 과정으로, 쟁점에 대한 의견을 충분히 듣거나 자료를 찾아보고 다음 단계인 '입장 드러내기' 단계로 진입하기 위한 준비 과정이라고 할 수 있다. 이때 쟁점이 다양할 수도 있고 양분될 수도 있다. 이 경우 하나의 쟁점을 찾아 해결해보도록 하는 것이 좋다. 예를 들어 소설 『소나기』에서 소년 소녀의 혈액형을 찾아보는 것이 쟁점으로 선정되었다면 다음 단계인 '입장 드러내기'에서는 소년 소녀가 어떤 혈액형이라고 생각하는지 자신의 입장을 말할 수 있을 것이다. 다양한 상황에서 하나의 쟁점을 선정하기는 쉽지 않다. 학생들 스스로 하나의 쟁점을 선정하도록 유도할 수 있을 것이다.

③ **입장 드러내기**

쟁점이 선정되면 입장을 드러내게 되는데 입장은 여러 학생이 같은 입장일 수도 있고, 그렇지 않을 수도 있다. 입장을 드러낼 때는 입장을 분명히 하는 것이 좋다. 입장이 분명하지 않으면 논쟁으로 나아가기 어렵다. 즉 『소나기』에서 소년의 혈액형은 A형이다, B형이다, AB형이다, O형이다라고 말할 수 있어야 한다.

④ **논쟁하기**

입장을 드러내고 논쟁을 할 때는 학생들이 입장을 정당화할 수 있는 근거를 제시하는 것이 중요하다. 증거의 타당성이 자신의 입장을 분명히 하기 때문이다. 이때 교사는 보이텔스바흐 원칙에 따라 강요나 주입을 해서는 안 된다. "맞다, 틀리다" 또는 "옳다, 그르다" 등의 입장을 제시하지 않고 충분한 시간을 주어 논쟁이 이루어질 수 있도록 한다. 『소나기』에서 소년의 혈액형은 A형이다, B형이다, AB형이다, O형이다라고 말할 때 혈액형은 성격과 일치하는가 하는 문제에서 논쟁이 이루어질 수 있다. 과학적 근거가 없으므로 논쟁할 수 없다고 교사가 개입한다면 이 수업은 더 이상 진전이 없다. 누구는 혈액형에 따라 성격이 다르다고 말할 수 있고 누군가는 혈액형과 성격은 아무런 상관관계가 없다고 말할 수도 있다. 근거를 명확히 함으로써 논쟁에서 객관적

합리성을 찾을 수 있으며 그것이 자신의 신념이라면 다른 사람의 입장을 따를 필요는 없다. 실제로 생활에서 혈액형으로 성격을 구분하고 이를 믿고 있는 사람이 얼마나 많은가? 따라서 누가 옳은가 또는 그른가의 문제가 아니고 누가 그것을 더 잘 입증하는가의 문제일 수 있다.

⑤ **최종 입장 정하기**

논쟁의 과정에서 어떤 학생은 자신의 신념이 변하기도 하고, 처음 입장을 그대로 유지하기도 한다. 그렇다고 무엇이 옳고 그른지를 교사가 결론을 내어서는 안 된다. 나름대로 타당한 입장을 견지하면 된다. 『소나기』에서 혈액형으로 성격을 구분할 수 있다고 입장을 정한 학생은 혈액형별 특성을 분석하여 소년의 혈액형을 추론하여 말할 것이며, 그렇지 않다고 생각한 학생은 소년의 성격을 다른 방식으로 추론하여 말할 수 있을 것이다. 최종 입장은 늘 학생들의 판단으로 이루어지도록 해야 한다.

⑥ **실천 의지 다지기**

'실천 의지 다지기'는 자신의 입장을 정당화하고 이를 다양한 생활 장면에 적용해 보는 것이다. 거창한 것이 아니라 작은 것에서부터 시작할 수 있다. 가령, 『소나기』에서 인물의 성격 구분을 다른 작품에 적용함으로써 자신이 추론한 내용을 적용할 수도 있고, 혈액형과 성격은 상관관계가 없는 것을 과학적으로 증명할 수도 있다. 더 나아가 기존에 우리가 추론을 통해 알고 있는 것들을 찾아서 증명해가는 과정에서 그 내용을 보고서나 인포그래픽으로 작성해 보는 것도 '실천 의지 다지기'에 해당할 수 있다.

2장

야금야금 교실에서 시작하는 논쟁
보이텔스바흐 원칙을 적용한 초등 수업 사례

보이텔스바흐 원칙을 바탕으로 한 교육 방법은 다양하게 있을 수 있겠지만 우리 교육 모임은 이를 교과 내 논쟁 수업에 적용하였다. 이를 위해 논쟁의 흐름 단계를 말하거나 서술하기 용이하도록 흐름도를 제시하여 용어를 통일하였으며, '상황 던지기-쟁점 찾기-입장 드러내기-논쟁하기-최종 입장 정하기-실천 의지 다지기' 6단계로 정리하였다. 그리고 각자 맡은 학년 수준에 맞게 논쟁 수업을 해보고 수업 내용을 정리해 보았다. 좋았던 점이나 개선점, 도움이 될 만한 팁도 넣었다.

교실에서 과연 논쟁이 제대로 이루어질까 하는 처음의 우려와는 달리 학생들은 그 어느 때보다 적극적으로 논쟁에 참여하면서 학교 안팎에서 벌어지는 다양한 문제들을 직접 고민하고 실천방안까지 고민하는 등 자기주도적인 모습을 보여주었다. 질문이 있는 교실, 토론이 있는 수업을 통해 서로 다른 생각을 나누며 성장하는 과정은 장차 우리 아이들이 미래를 살아가게 하는 힘이 될 것이다.

수업 사례 1 　초등 창체

동물 복지에 관하여

윤수정(인천석천초등학교 교사)

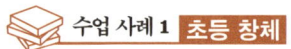　양보를 미덕으로 생각해온 나는 평소 학생들에게 먼저 양보하면 다음엔 자신의 차례가 된다고 가르쳐왔다. 친구들 사이에 의견 차이가 생기면 '네 생각대로 먼저 해, 다음에는 내 방법대로 번갈아 가면서 하자.'라고 말할 것을 권했고, 한쪽이 양보하지 않으면 공평하게 가위바위보로 결정할 것을 권했다. 이 양보와 가위바위보는 쉬는 시간의 놀이 활동이나 수업 시간의 모둠 활동에서는 아주 쉽고 간단하게 적용되는 의사결정 방법이었지만 이를 모든 교육 활동에 적용할 수는 없으며 특히 토론 수업에서는 불가능한 방법이다.

　토론 수업에서는 자신의 주장을 적절한 이유와 객관적인 근거를 들어 펼침으로써 상대방을 설득해야 한다. 그런데 보이텔스바흐 원칙을 기반으로 하는 독일의 토론 수업은 우리의 토론 수업과 다른 점이 있다. 꼭 상대방을 설득해 하나의 결론을 만들어 내지 않아도 된다는

것이다. 보이텔스바흐 원칙을 세세히 살펴보면 ①학생에게 강압적인 교화와 주입식 교육을 금지하고, ②학문적·사회적 논쟁 상황을 교실 수업에서 그대로 재현하며, ③정치와 생활을 연계해 학생 자신의 이해관계를 스스로 판단·결정하게 한다는 것 등이다. 이 원칙들과 지금까지 해온 나의 수업 및 생활 지도 방법을 비교해 보았을 때, 잘 지켜지지 않았던 것이 교화와 주입식 교육 금지와 사회적 상황을 소재로 수업하는 것이었다. 나는 보이텔스바흐 원칙을 적용하여 학생들이 사회적 다양성에 대해 이해하고 스스로 판단하는 능력을 기르는 교육활동을 해보고 싶은 욕구가 생겨났다.

막상 수업 주제를 정하려고 하니 학생들 수준에 맞는 주제를 찾기가 어려웠다. 학생들 수준에서 자신의 입장을 드러내기 위한 근거가 부족하거나 이해관계가 적은 논쟁거리는 피해야 했다. 그래서 학생들이 직접 흥미로운 주제를 찾아보도록 하였고, 교육과정을 분석하여 주제를 찾아보거나 토론 활동을 하는 도서를 찾아 주제를 정해 보았다.

먼저 초등학교 4학년 학생들이 관심을 가질 만하고 자신의 이해관계를 따져볼 만한 사회적 이슈들이다.

- 자전거 통학, 자전거 보호 장구 착용
- 학생의 얼굴 화장 허용, 얼굴 성형
- 담배 판매, 소년법 적용 연령, 음주 운전 처벌
- 동물 복지 문제, 동물의 가죽이나 털로 옷을 만들어 입는 문제
- 동물원 문제, 동물 실험 문제
- 통일 문제, 가짜뉴스 배포
- 학교에서의 휴대폰 사용, 학교 폭력

어린 나이인 만큼 사회적 이슈가 많지는 않으므로 교과서 내용이나 읽고 있는 다양한 책에서 주제를 가져오는 방법도 있다. 예를 들면 다음과 같다.

- 국어: 영화 〈우리들〉에서 주인공이 친구를 위해 거짓말을 한 문제
- 국어: 온라인 대화 예절 중 인터넷 축약어를 사용하는 문제
- 도덕: 다문화 정책
- 사회: 지역 문제
- 사회: 저작권 문제
- 사회: 편견과 차별 문제
- 사회: 가족 구성원의 역할

다양한 주제 중 학생들이 가장 많이 접했던 동물 복지와 관련된 주제 한 가지를 선택하여 수업해 보자고 생각했다. 물론, 동물 복지와 관련된 주제는 나만의 생각일 뿐 실제 학생들과 주제를 찾아보면 달라질 수도 있다.

가정 안에서, 가정 밖에서, 뉴스에서 주제 찾기

수업의 기본 흐름은 '상황 던지기-쟁점 찾기-입장 드러내기-논쟁하기-최종 입장 정하기-실천 의지 다지기'로 이루어지는 보이텔스바흐 원칙에 따라 진행되었다. 이 구성은 논쟁 수업을 연구하는 선생님들과 함께 고안한 것이며 내용은 수업 내용과 대상에 따라 변형하면 된다.

학생들이 서로 논쟁하려면 찬성과 반대의 의견이 생기는 상황이 필요하며, 학생들이 관심을 갖고 서로 이야기를 할 수 있는 주제여야 한다. 교사가 제시해 주어도 좋지만 학생들이 스스로 생각해 낼 수 있도록 하는 것이 더욱 좋다. 학생들에게 요즘 관심 있는 일 중 의견을 서로 나누고 싶은 주제를 생각해 보도록 하였다. 이때 생각의 범주를 '가정 안에서, 가정 밖에서, 뉴스에서'로 확장하도록 안내하면 좀 더 다양한 각도로 생각해보는 데 도움이 된다.

학생들이 제시한 상황은 다음과 같다.

가정 안에서

- 저녁에 핸드폰을 하고 싶은데 못하게 한다.
- 스마트폰을 사고 싶은데 못 사게 한다.
- 반려동물을 키우고 싶은데 못 키우게 한다.
- 용돈을 받고 싶은데 주지 않는다.
- 장난감, 축구공을 갖고 싶은데 사주지 않는다.

가정 밖에서

- 노는 시간이 길면 좋겠는데 짧아서 아쉽다.
- 앉고 싶은 짝끼리 앉고 싶은데 무조건 규칙대로 앉는다.
- 사람들이 길거리에서 담배를 피워 냄새를 맡게 된다.
- 껌이나 침을 뱉어서 거리가 지저분하다.
- 자동차 신호 위반 사례가 많다.
- 반려동물의 배설물을 치우지 않는다.
- 화장실을 깨끗이 사용하지 않아 오물이 옷에 묻는다.

- 장애인 화장실을 일반인이 사용 후에 깨끗이 정리하지 않는다.

뉴스에서
- 담배가 몸에 해로운데 담배를 판매한다.
- 음주 운전으로 사고를 냈는데 처벌을 약하게 한다.
- 동물 털을 뽑아 패딩을 만들고 있다.
- 가짜 뉴스를 만들어 인터넷에 올린다.
- 학생들이 품질이 좋지 않은 화장품을 사용한다.
- 동물원에서 살던 동물이 탈출했다가 다시 잡혀서 죽었다.
- 친구를 괴롭히는 상황이 있다.
- 가스보일러 사고로 학생들이 사고를 당했다.
- 어린이 유괴 사건이 있다.
- 유치원, 어린이집 교사가 아동학대를 한다.

 첫 번째 주제: 동물원은 필요한가?

학생들이 제시한 여러 상황 중 논쟁이 활발하게 일어날 수 있는 상황은 무엇일까? 논쟁이 일어나려면 우선 찬성과 반대를 하는 학생 수가 비슷해야 하며 학생이 직접 보고 듣고 읽어본 경험 등 배경지식이 많아야 하고 객관적인 자료도 풍부해야 한다.

학생들이 제시한 상황 중 동물원을 탈출한 동물이 잡혀서 죽은 상황이 논쟁거리로 적절하다고 생각해 이 상황을 수업에 던져 보고자 하였다.

1 상황 던지기 : 논쟁해 보고 싶은 상황인가?

동물원에서 탈출한 동물 사건으로부터 생각할 수 있는 토론 주제는 '동물원을 운영해야 하는가?' '동물원에서 탈출한 동물을 꼭 죽여야만 하는가?' '동물들은 동물원에서 평생 살아야 하는가?' 등이다. 이러한 주제와 관련하여 먼저 동물원의 장단점을 다음과 같이 생각해 볼 수 있다.

장점
- 사람들이 동물을 쉽게 볼 수 있다.
- 만약 동물이 멸종위기종일 경우 개체를 보호할 수 있다.
- 동물에 대한 흥미와 관심을 불러일으킨다.
- 동물원에 가면 돌고래쇼 등 볼거리가 많기 때문에 추억으로 간직하기 좋다.

단점
- 동물원에서만 지내면 동물이 야생성을 잃게 된다.
- 만약의 경우지만 동물이 탈출한다면 심각한 결과를 불러올 수 있다.
- 관광객들이 주는 음식과 스트레스 때문에 동물들이 죽을 수도 있다.

교사는 학생들이 이 상황에서 어떤 토론 주제를 정할 것인지 미리 예측하여 주제에 맞는 배경지식으로 활용할 만한 객관적인 자료가 있는지 꼭 확인을 해두어야 한다. 학생들이 자신의 입장과 근거를 정리할 때 참고할 만한 자료가 없다면 논쟁을 하기 힘들기 때문이다. 동물원의 장단점과 관련하여 참고할 수 있는 자료는 다음과 같았다.

- **어린이백과** 「동물원에 갇힌 동물들」
- **애니메이션** 〈동물원 인터뷰〉
- **영상** 〈동물원이 멸종 위기 동물들을 살린다!〉
- **칼럼** 「동물원에 사는 동물의 진짜 집은 어디인가」
- **책** 『동물원 동물은 행복할까?』(로브 레이들로 지음, 책공장 더불어 펴냄)
- **책** 『동물원 아기들: 동물원에서 태어난 멸종 위기 동물들』(앤드루 블라이먼·크리스 이스트랜드 지음, 사이언스북스 펴냄)

2 쟁점 찾기 : 찬반 비율이 비슷한 쟁점 선택

먼저 신문 기사인 「올해 탈출한 동물들의 비극적 운명」(한국일보 2018년 12월 5일 자)을 보여주면서 학생들이 직접 쟁점을 생각해 보게 했다. 학생들은 메모지에 각자 생각하는 쟁점을 쓴 다음 칠판에 붙여가며 분류를 해보았다.

 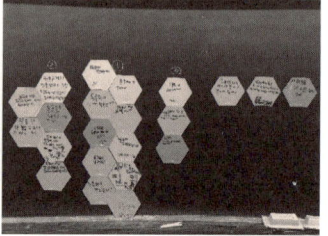

학생들이 직접 쟁점을 쓰고 분류하는 과정

학생들이 찾아낸 쟁점은 크게 4가지로 분류되었다.

1) 동물원이 필요한가? (10명)
2) 동물원에서 탈출했다가 잡힌 동물을 죽여야 하는가? (6명)
3) 동물 실험을 해야 하는가? (3명)
4) 기타: 소시지와 고기를 먹어야 할까? 사람들은 왜 동물을 죽이는 것일까? 동물이 탈출하지 못하게 막아야 할까?

이 중 찬성과 반대의 수가 비슷한 주제는 '동물원이 필요한가?'와 '동물 실험이 필요한가?'였다. 따라서 전체 토론 주제를 두 가지로 정하여 토론을 두 번 해보기로 하였다.

3 입장 드러내기 : 이유와 근거 생각해 보기

먼저 '동물원이 필요한가?'라는 토론 주제에 대해 자신의 입장을 정하도록 하였더니, 필요하다가 12명, 필요하지 않다가 9명이었다. 하지만 모둠별 2:2 토론을 원활하게 진행하기 위해 첫 입장과 상관없이 모둠 내 2명은 찬성, 2명은 반대의 입장에서 주장을 쓰고 이유와 근거를 찾아 간단히 정리하도록 하였다.

학생들에게 자신의 주장에 대한 이유와 근거는 객관적이고 타당한 내용이어야 함을 알려주었다. 가능하다면 정보 매체를 활용하여 조사할 수 있는 환경과 시간을 충분히 주는 것이 좋다.

자료 찾기

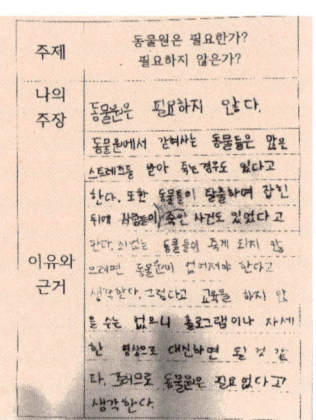

주장과 근거 내용 정리하기

'동물원은 필요하다'라고 주장하는 학생들의 근거는 다음과 같다.

- 동물이 생활하는 모습을 직접 볼 수 있다.
- 아프리카 등 먼 곳에 가지 않고도 동물을 볼 수 있다.
- 멸종위기의 동물을 보호할 수 있다.
- 동물에 대해 자세히 알면 동물을 보호해야 한다는 생각이 들 수 있다.
- 야생에서보다 먹이를 더 잘 먹을 수 있다.
- 야생보다 동물원이 동물의 생존율을 높일 수 있다.

- 동물을 좋아하는 어린이들이 동물을 보고 힐링을 할 수 있다.

다음은 '동물원은 필요하지 않다'라고 주장하는 학생들이 제시한 근거이다.

- 동물원에서 동물들이 학대당할 수 있다.
- 책이나 인터넷으로도 동물을 관찰할 수 있고, 3D와 VR로 실제같이 볼 수 있다.
- 동물들이 스트레스를 받아 힘들어한다.
- 북극곰이 북극 그림을 보고 그리워하는 장면을 보니 동물들이 불쌍하다.
- 동물들에게는 자연에서 살 수 있는 자유가 있다.
- 사람들이 주는 음식을 먹고 죽을 수도 있다.
- 동물들도 생각과 감정이 있는데 가두어 두는 것은 옳지 않다.

4 논쟁하기 : 자기주장 밝히기, 입장 바꿔 주장해 보기

앞서 정리한 주장과 근거를 토대로 찬성 팀부터 자기주장을 밝힌 뒤 질문을 받고 답했다. 이어서 반대 팀이 자기주장을 밝힌 다음 질문을 받고 답을 하며 토론을 이어갔다. 이때 주장을 밝히는 시간을 한 명에 2분 이내로 정해주어 주제에서 벗어나지 않도록 했다. 본인이 생각한 주장이었고 이유와 근거를 미리 정리했기에 열띤 토론을 할 수 있었다.

이번에는 입장을 바꾸어 주장을 쓰고 이유와 근거를 간단히 정리한 후 다시 토론을 해보았다. 반대의 입장에서도 생각해 보는 훈련을 통해 생각이 한쪽으로 치우치거나 고정되지 않게 하려는 의도였다. 일부 학생은 자신의 처음 생각과 반대되는 입장에서 내용을 정리하는 것에 불만을 표하기도 했다. 학생들 수준에 따라 어려워할 수도 있는 방법이고 시간이 많이 걸리므로 입장 바꿔 토론하는 과정은 생략해도 될 것 같다.

자기주장을 펼친 후 다음과 같은 질문과 답이 이어졌다.

질문 아이들이 동물들에게 스트레스를 주면 어떻게 하나요?
답변 보안관이나 어른들이 아이들을 잘 지켜보면 됩니다.

질문 동물들을 스크린으로 보면 되지 않을까요?
답변 스크린으로 보는 것보다 실제로 보는 것이 더 좋습니다.

질문 사람들이 동물에게 과자를 주고 있다고 생각하는 이유가 뭔가요?
답변 사람들이 과자 주는 것을 실제로 보았기 때문입니다.

질문 홀로그램으로 대신하면 사람들이 동물을 직접 만져볼 수 없지 않을까요?
답변 사람들이 동물을 만지면 동물은 스트레스를 받아서 죽을 수도 있습니다. 죄 없는 동물들이 죽게 만들지 않으려면 만지고 싶어도 참아야 합니다. 홀로그램으로 만지지는 못해도 볼 수는 있습니다.

질문 멸종 위기의 동물들이 야생에서 다 죽으면 어떻게 하나요?

답변 멸종 위기의 동물들만 따로 보호하면 됩니다.

아이들은 이러한 질문을 주고받으면서 서로의 주장에 대해 더 깊이 생각해 볼 수 있는 기회를 가졌다. 사실 질문이란 상대를 반박하기 위한 것이어야 하는데 처음이라 그런지 대부분 궁금한 내용을 물어보는 질문에 그치는 경우가 많아 아쉬움이 남기도 했다. 이러한 현상이 나타난 이유는 토론을 자주 하지 않아 방법을 잘 몰랐기 때문으로 판단된다. 처음 토론을 하는 경우에는 규칙을 익히는 시간도 포함해서 고려하는 것이 좋다.

tip

✓ **논쟁할 때 질문은 이렇게 해보세요**
- 그 자료는 어디에서 찾았습니까?
- 그 자료는 언제 만들어진 것인가요?
- "○○○○○○"라고 한 말에 "○○○○○○"라는 문제점이 생길 수 있습니다. 이를 어떻게 생각하나요?
- "○○○○○"라고 한 말이 모두에게 해당한다고 볼 수 있나요?
- 그 근거는 흔히 있는 일인가요?
- 만약 "○○○○○○"라면 어떻게 하실 건가요?

5 최종 입장 정하기 : 생각은 얼마든지 바뀔 수 있다

'동물원이 필요한가?'에 대해 처음 자신이 정한 주장과 반대의 주장으로 두 차례 논쟁한 후 최종 입장을 정한 결과 찬성 12명, 반대 9명이 되었다. 찬성 3명이 반대로 바뀌었고 반대 3명이 찬성으로 바뀌었다. 결국 주장이 비슷한 비율로 나뉘었다.

"'동물원이 필요하다' 또는 '필요하지 않다' 중에서 우리가 꼭 하나의 의견으로 통일해야 할까요?"라고 물었더니 대부분의 학생들이 굳이 의견을 하나로 통일할 필요는 없다고 답했다.

아이들이 앞으로 논쟁이 벌어지는 상황을 만났을 때 독일의 보이텔스바흐 원칙을 떠올려볼 수 있도록 이에 대해 간단히 설명하는 시간을 가졌다.

보이텔스바흐 원칙에 대하여

"예전에 독일도 우리나라처럼 1961년 베를린장벽이 설치되고 동독과 서독으로 분단이 된 나라였어요. 동독은 공산주의, 서독은 자본주의를 따랐어요. 그런데 1989년 베를린장벽이 무너진 후 분단된 지 41년 만에 통일을 하게 되었어요. 동서독이 분단되어 있었던 1976년 서독의 보수와 진보를 망라하는 교육자, 정치가, 연구자 등이 독일의 소도시 보이텔스바흐에 모여 교육지침을 만들었어요. 그들은 치열한 토론 끝에 이념과 정권에 치우치지 않는 교육을 목표로 하는 교육지침을 마련하고, 정치교육의 원칙에 대해 합의했다고 해요.

보이텔스바흐 원칙은 첫째, 학생에게 강압적으로 교화하거나 주입식 교육을 하는 것을 금지하고, 둘째, 학문적·사회적인 논쟁 상황을 교실수업에 그대로 옮겨오며, 셋째, 정치와 생활을 연계해 학생의 실생활과 관련 있는 주제에 대해 학생들이 이해관계를 스스로 판단하고 결정하는 내용으로 이루어져 있어요.

지금 우리가 논쟁 수업을 하고 있는데 이 합의를 바탕으로 하여 진행을 하고 있는 거예요.

지금도 독일은 커다란 의사 결정을 할 때 이 원칙을 바탕으로 토론을 진행하고 있다고 해요. 그리고 토론 결과 한 가지 방법으로 의견이 모아지지 않을 때는 각자 의견대로 실천을 해본다고 합니다. 왜냐하면 누구도 어떤 방법이 좋은 결과를 가져올지 모르기 때문이에요. 일단 자신의 의견대로 실천해본 후 다시 모여 토론을 해서 하나의 정책을 결정하는 것이지요. 어떤 정책이든 심사숙고를 하다 보니 결정하는 시간이 오래 걸리지만 한 번 결정된 정책은 사람들이 잘 따르고 지속되는 기간이 길다고 해요."

6 실천 의지 다지기 : 민주적 문제 해결의 과정

하나의 주제에 대하여 비록 의견이 다르더라도 보이텔스바흐 원칙의 3번째 정신(정치적 행위 능력의 강화)을 바탕으로 하여 각자 자신이 지지하는 의견을 실천하는 방법을 생각해 보고 발표하는 시간을 가졌다. 실천 방법은 학생을 대상으로 한정하지 않고 학생이 직접 실천하거나 어른들이 실천하는 내용을 모두 생각해 보도록 하였다. 이때 학생들은 서로의 의견에 대해 반박하지 않고 인정해 주었다. 즉 공동의 문제가 생겼을 때 나의 주장만을 강요하지 않고, 논쟁을 통해 민주적으로 문제를 해결하는 태도를 갖추게 된 것이다.

동물원이 필요하다고 주장한 학생들의 실천 방법
- 동물들이 탈출하지 않도록 관리를 잘한다.
- 동물원을 계속 유지하되, 보안을 높이고 동물들이 받는 스트레스를

최소화하기 위해 우리 안을 야생의 자연환경처럼 만든다.
- 동물을 학대하면 벌금을 내도록 한다.
- 동물이 탈출하지 못하도록 CCTV로 잘 지켜본다.
- 좋은 동물원을 만들어 동물들에게 피해가 가지 않도록 한다.

동물원이 필요하지 않다고 주장한 학생들의 실천 방법
- 동물원이 필요 없다는 내용으로 캠페인을 한다.
- 동물원에서 탈출한 동물을 죽이지 않는다.
- 집에서 컴퓨터로 자료를 찾아보고 공부하거나 도서관에서 책을 찾아본다.
- 홀로그램으로 동물을 볼 수 있게 만든다.
- 동물원 대신 동물보호소와 동물영화관을 만든다.
- 동물원 대신 멸종위기 동물 보호소를 만든다.

실천 방법을 발표한 후, 그 의견을 다른 사람들에게 홍보하는 시간을 가졌다. 학생들이 생각한 홍보 방법은 편지 쓰기, 주장하는 글 쓰기, 포스터 그리기, 만화 그리기, 노래 만들기, 3행시 짓기 등이 있었다.

마지막으로 지금까지 보이텔스바흐 원칙을 바탕으로 한 논쟁 수업을 통해 어떤 생각을 갖게 되었는지 각자 소감을 발표했다.

학생들의 소감
"내 생각만 옳다고 할 필요가 없어요."
"하나의 의견으로 모이면 좋겠지만 입장을 바꾸어 생각해 봐도 각자 다른 입장이라면 서로 인정해 주는 것도 좋은 것 같아요."

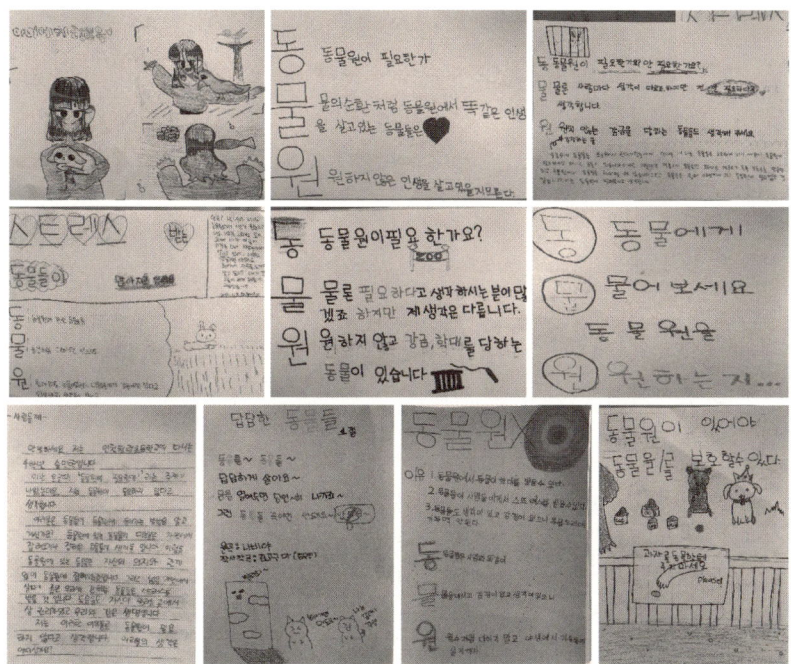

학생들이 만든 홍보자료

"한 주제로 논쟁하는 것도 힘든데, 국회의원들이 논쟁하는 것이 신기했어요."

"반대와 찬성을 모두 생각해 보고 점점 확실하게 하면서 한쪽으로 후회하지 않고 선택할 수 있었어요."

"역할을 바꾸어서 해 보니 의견도 다양하고 생각도 다르고 반대편 주장의 장단점을 모두 알 수 있어 좋았어요."

"입장을 바꾸어 논쟁할 때는 내가 원하는 의견이 아니어서 답답했어요."

"최종 입장을 결정할 때 의견이 바뀔 수 있다는 것을 알았어요."

"사람마다 생각이 다르다는 것을 느꼈기 때문에 사람들의 생각을 무시하지 말아야겠다고 생각했어요."
"여러 사람들의 의견과 근거를 들어보니 내 의견만 옳은 것이 아니라 다른 사람들의 의견도 옳을 수 있다는 것을 알게 되었어요."

소감을 들어 보니 이번 논쟁 수업을 통해 다른 사람의 주장에 대해 좀 더 열린 마음으로 생각해 보려는 태도와 나와 다른 의견을 존중하려는 태도를 배웠음을 알 수 있었다. 학생들의 민주적 시민의식이 그만큼 성장하는 계기가 된 것 같다.

 두 번째 주제: 동물 실험이 필요한가?

처음 해본 논쟁 수업인데다 자유롭게 진행해서 시간이 오래 걸렸고 논쟁 과정에서 주장에 대한 근거가 부족하거나 질문과 답변 내용의 수준도 낮은 편이었지만, 보이텔스바흐 합의의 기본 정신에 부합한 수업이 되었다는 점에서는 긍정적인 평가가 내려졌다. 첫 번째 논쟁 수업의 부족한 점을 보완하여 2차 논쟁 주제인 '동물실험이 필요한가?'로 수업을 진행해 보았다.

논쟁 수업의 흐름 가운데 '1. 상황 던지기'와 '2. 쟁점 찾기'는 앞서 이루어졌기 때문에 이번 주제는 '3. 입장 드러내기' 절차부터 진행하였다.

❸ **입장 드러내기** : 이유와 근거 생각해 보기

'동물 실험이 필요한가?'에 대해 찬성하는 학생과 반대하는 학생이 각각 12명씩이었기 때문에 찬성 2명, 반대 2명을 한 그룹으로 하여 총 6그룹으로 나누어 논쟁하기로 했다. 먼저 각자의 주장에 따른 근거를 정리하는 시간을 가졌다.

'동물 실험이 필요하다'라고 주장한 학생들의 근거는 다음과 같다.

- 1978년 미국에서 만든 항생제를 동물 실험 없이 바로 사람에게 사용하여 107명이 부작용으로 사망하는 사건이 있었다. 동물 실험을 거치지 않고 곧바로 인간에게 약을 투여할 경우 치명적인 결과를 초래할 수 있다.
- 인간의 질병 치료와 같은 큰 목표를 위한 동물의 희생은 어쩔 수 없는 선택이다.
- 동물 실험은 시간과 비용 면에서 의약품의 안전성을 확인하는 가장 효과적인 방법이다.
- 많은 실험을 진행하려면 비용이 적게 드는 동물을 대상으로 할 수밖에 없다.
- 동물 실험이 없으면 안전성이 검증되지 않은 약과 화장품 등을 사용하게 되어 위험하다.
- 갈레노스와 히포크라테스 등 많은 과학자들이 동물 실험을 통해 의학적 사실을 규명하고 의학을 발전시켰다.
- 동물 실험으로 많은 동물이 희생되는 것은 사실이지만 몇 배나 많은 사람의 목숨을 건질 수 있고 동물들의 질병을 치료하는 데도 필요하다.

다음은 '동물 실험이 필요하지 않다.'라고 주장하는 학생들의 근거이다.

- 실험의 검증이 성공적이라 해도 사람에게 나타날 수 있는 부작용이 완벽하게 없어지지 않는다.
- 동물도 생명이므로 고통을 피할 권리가 있다.
- 동물에게 안전했던 약물 복용 후 임산부가 장애를 지닌 아이를 출산하는 경우도 있었다.
- 인간의 질병 3만 가지 가운데 동물과 공유하는 질병은 1.16%밖에 되지 않으므로 컴퓨터 시뮬레이션을 활용하거나 줄기세포 등을 사용하면 살아 있는 동물을 실험 대상으로 삼지 않아도 된다.
- 인간을 위해 동물의 소중한 생명을 없애는 것은 옳지 않다.

4 논쟁하기 : 자기 주장 밝히기, 입장 바꿔 주장해 보기

이번에도 팀별 자기주장 밝히기 → 질문 받고 답하기 → 입장 바꿔 자기주장과 이유, 근거 정리하기 → 팀별 자기주장 밝히기 → 질문 받고 답하기 순으로 자유롭게 토론해 보았다. 토론 과정이 익숙해서인지 학생 스스로 진행하게 되었다. 학생들이 주고받은 질문과 응답은 다음과 같다.

질문 동물 실험을 하지 않으면 과학기술이 발달하지 않을 텐데요?
답변 지금도 불편하지 않으니 이대로 살아도 됩니다.

질문 컴퓨터 시뮬레이션으로 해도 되지 않나요?

답변 컴퓨터로 실험하면 부작용을 정확하게 재현할 수 없습니다.

질문 꼭 동물 실험을 해야만 발전합니까?
답변 치명적인 병의 백신은 모두 동물 실험으로 개발되었다고 합니다.

질문 약물을 잘못 넣으면 어떡합니까?
답변 그 약물로 다른 것도 발명할 수 있습니다.

질문 동물 실험을 하지 않아서 사람들이 죽으면 어떡합니까?
답변 화장품 실험은 사람이 해도 죽지 않으므로 꼭 동물로 실험하지 않아도 될 것 같습니다.

5 최종 입장 정하기 : 생각은 얼마든지 바뀔 수 있다

서로 다른 입장이 되어 생각하고 토론했던 내용을 떠올려보게 한 뒤 처음 입장과 달라도 됨을 알리고 최종 입장을 정하게 했다. 결과는 찬성 9명, 반대 15명으로 의견이 바뀐 학생들이 많았다. 최종 입장이 모두 같지 않고 자신의 주장도 언제든 바뀔 수 있다는 것을 학생들이 직접 경험하고 확인하는 과정을 통해 생각의 유연성을 갖고 다른 사람의 생각을 존중하는 마음을 가지게 됨을 엿볼 수 있었다.

6 실천 의지 다지기 : 민주적 문제 해결의 과정

마지막 '실천 의지 다지기' 단계에서 학생들은 다음과 같은 홍보 방법을 제안했다.

- 동물 실험 회사에 편지를 보낸다.
- 포스터, 만화, 동시, 노래, 동영상을 만들어 캠페인을 한다.
- 동호회를 만들어 동물을 보호하도록 한다.

두 번째 논쟁 수업은 처음보다 원활하게 진행되었다. 하지만 학생들이 자료를 찾아 근거를 정리하는 과정에서 스스로 생각한 이유 대신 인터넷에 이미 나온 이유를 그대로 쓰는 오류를 많이 범했다. 그러다 보니 이유와 근거가 풍부하지 않았고, 질문에 대한 답변을 제대로 할 수 없었다.

논쟁 수업 주제를 선정할 때는 처음부터 자료를 찾아 근거를 제시하는 어려운 주제보다는 자신이 경험한 내용으로 근거를 제시할 수 있는 아주 쉬운 주제로 시작하는 것이 좋겠다.

수업지도안(예시)

수업 주제	동물원이 필요한가?	
성취 기준	[4국01-02]회의에서 의견을 적극적으로 교환한다.	
학습 목표	'동물원이 필요한가?' 논쟁에 토론할 수 있다.	
단계	교수학습활동(80분)	□ 유의점 ● 적용 원칙
수업 전	S: 관심 있는 일 중 의견을 나누고 싶은 주제(상황)를 가정 안, 가정 밖, 뉴스에서 생각해 본다. T: 학생이 제시한 상황 중 논쟁이 활발히 일어날 수 있는 상황을 결정하고 관련된 뉴스 자료를 찾는다.	□ 학생이 스스로 문제를 찾아보도록 한다. ● 강화 금지
❶ 상황 던지기	T: 뉴스 기사를 보여준다. '올해 탈출한 동물들의 비극적인 운명'	□ 많은 학생이 흥미 있어 하는 실제 사례로 제시한다. ● 강화 금지
❷ 쟁점 찾기	S: 뉴스 기사를 보며 학생 각자 쟁점을 찾고 개별 토론 주제를 만든다. ● 개별 토론 주제 – 동물원이 필요한가? – 동물원에서 탈출했다가 잡힌 동물을 죽여야 하는가? T: 각자 만든 주제를 모아 분류를 하여 전체 토론 주제를 정한다. ● 주제–"동물원이 필요한가?"	□ 학생 스스로 쟁점을 찾도록 한다. □ 찬성과 반대의 비율이 비슷한 쟁점을 전체 토론 주제로 정한다. ● 강화 금지
❸ 입장 드러내기	S: 토론 주제에 대한 나의 주장을 정한다. T: 찬성과 반대 학생 수를 파악하여 2:2 모둠토론을 위해 자리를 재배치한다.(찬성, 반대 비율이 현저히 차이가 날 경우 1:다모둠으로 토론이 가능하다.) S: 자기주장의 이유와 근거를 정보매체를 활용하여 조사하고 정리한다. ● 동물원이 필요한 이유와 근거 – 동물이 생활하는 모습을 직접 볼 수 있다. – 아프리카 등 먼 곳에 가지 않고도 동물을 볼 수 있다. – 멸종위기의 동물을 보호할 수 있다. – 동물에 대해 자세히 알면 동물을 보호해야 한다는 생각이 들 수 있다. – 야생에서보다 먹이를 잘 먹을 수 있다. – 야생보다 동물원이 동물의 생존율을 높일 수 있다. – 동물을 좋아하는 어린이들이 동물을 보고 힐링을 할 수 있다. ● 동물원이 필요하지 않은 이유와 근거 – 동물원에서 동물들이 학대당할 수 있다. – 책이나 인터넷으로도 동물을 관찰할 수 있고, 3D와 VR로 실제같이 볼 수 있다. – 동물들이 스트레스를 받아 힘들어 한다. – 북극곰이 북극 그림을 보고 그리워하는 장면을 보니 동물들이 불쌍하다. – 동물들에게는 자연에서 살 수 있는 자유가 있다. – 사람들이 주는 음식을 먹고 죽을 수도 있다. – 동물들도 생각과 감정이 있는데 가두어 두는 것은 옳지 않다.	□ 주장에 대한 이유와 근거는 객관적이고 타당한 내용이어야 함을 주지시킨다. □ 정보매체를 활용하여 이유와 근거를 조사할 수 있는 환경과 시간을 충분히 제공한다. ● 강화 금지 ● 논쟁 원칙

❹ 논쟁하기	S: 정리한 내용을 바탕으로 찬성 팀부터 자기주장을 밝히고 질문을 받고 답한 후, 반대 팀이 자기주장을 밝히고 질문을 받고 답을 한다.(주장 밝히기 1인당 2분, 질문 주고받기 1팀당 4분 이내) S: 입장 바꾸어 이유와 근거를 정리한다. S: 자기주장 밝히고 질문을 받고 답하기를 한다.(시간이 부족할 경우 입장 바꿔 토론하는 과정은 생략 가능하다.)	□ 팀별 자기주장을 밝힐 때는 상대편은 무조건 듣기만 하도록 하고, 질문 받고 답하기 때에만 질문을 하도록 한다. □ 자기주장을 밝히는 시간과 질문 받고 답하는 시간을 정해준다. ● 강압 금지 ● 논쟁 원칙
❺ 최종 입장 정하기	S: 앞서 두 번의 토론 내용을 떠올려 보고 다시 최종 입장을 정한다. T: 최종 입장이 꼭 모두가 같지 않아도 됨을 확인하며 보이텔스바흐 합의에 대해 소개해 주고, 논쟁이 생겼을 때 이 합의 원칙이 필요함을 설명한다.	□ 처음 입장과 달라도 됨을 알리고 최종 입장을 정하도록 한다. □ 보이텔스바흐 원칙이 필요한 경우임을 깨닫게 한다. ● 정치와 생활의 연계 ● 강압 금지
❻ 실천 의지 다지기	S: 자신이 지지하는 의견의 실천 방법을 생각해 보고 발표한다. ● 동물원을 유지하는 실천 방법 –동물들이 탈출하지 않도록 관리를 잘한다. –동물원을 계속 유지하되, 보안을 높이고 동물들이 받는 스트레스를 최소화하기 위해 동물 우리 안을 야생의 자연환경처럼 만든다. –동물을 학대하면 벌금을 내도록 한다. –동물이 탈출하지 못하도록 CCTV로 잘 지켜본다. –좋은 동물원을 만들어 동물들에게 피해가 가지 않도록 한다. ● 동물원을 폐지하는 실천 방법 –동물원이 필요 없다는 내용으로 캠페인을 한다. –동물원에서 탈출한 동물을 죽이지 않는다. –집에서 컴퓨터로 자료를 찾아보고 공부하거나 도서관에서 책을 찾아본다. –홀로그램으로 동물을 볼 수 있게 만든다. –동물원 대신 동물보호소와 동물영화관을 만든다. –동물원 대신 멸종위기 동물 보호소를 만든다. S: 자신이 지지하는 의견을 다양한 방법으로 홍보한다. ● 홍보 방법 –편지 쓰기, 주장하는 글 쓰기, 포스터, 만화, 노래, 3행시, 동영상을 만들어 캠페인하기 등	□ 자신이 지지하는 의견을 실천하는 방법을 생각하게 하여 실천 의지를 다지며 상대방의 의견을 인정하고 존중하도록 지도한다. ● 정치와 생활의 연계
소감 발표하기	S: 보이텔스바흐 원칙을 바탕으로 한 논쟁 수업을 해본 소감을 발표한다.	□ 자유로운 분위기를 만든다.

 **일상에서 보이텔스바흐 원칙이 필요한 순간들**

나는 논쟁 수업을 통해 학생들이 누구나 이해관계에 따라 입장이 다를 수 있고, 다른 사람을 무조건 설득해서 하나의 의견으로 모아야 한다는 고정관념을 갖지 않아도 된다는 것을 경험해보게 하고 싶었다. 몇 차례의 논쟁 수업을 통해 의도한 바를 이룰 수 있었으며, 학생들도 일상에서 보이텔스바흐 원칙이 필요함을 느끼는 기회가 되었다.

논쟁을 한다는 것은 서로의 입장에 차이가 생겼다는 것이다. 대부분의 사람들은 여러 가지 의견이 있을 때 꼭 하나의 의견으로 결론지어야 한다고 생각하기 때문에 각자의 의견대로 실천해 나가는 보이텔스바흐 논쟁 수업 방법이 답답하게 느껴질 수도 있고 논쟁의 필요성을 느끼지 못할 수도 있다.

하지만 앞으로 다가올 통일 시대에는 존중, 배려, 민주, 협동을 중심으로 하는 교육이 절실히 필요할 것이다. 이러한 미덕을 함양하는 데 보이텔스바흐 논쟁 수업은 많은 도움을 준다.

보이텔스바흐 수업을 통해 학생들은 자기 주변에서 일어나는 일에 대해 관심을 갖고 해결해 보려는 태도를 지니게 되며, 의사 결정을 할 때 적절한 이유와 근거를 들어 의견을 펼치는 능력을 기를 수 있다. 또한 입장을 바꾸어 상대방이 왜 그 주장을 하는지 좀 더 이해할 수 있게 되어 고정관념에서 벗어나 다양한 방향에서 생각해 보는 능력을 기를 수 있다.

자신이 최종적으로 선택한 입장에 대해 더욱 신뢰할 수 있으며 그 입장을 더 많은 사람들에게 알릴 수 있게 된다. 이념과 사상이 다른 사람들이 만났을 때 일어날 수 있는 논쟁에서 무조건 이기려 하기보다 좀 더 합리적이고 고효율적인 입장을 선택하는 태도를 갖게 되므로 보이텔스바흐 수업은 다 함께 살아가는 미래 시대에 꼭 필요한 수업이라 생각한다.

수업 사례 2 초등 도덕

이슈 논쟁,
초등 저학년도 가능하다

김경옥(인천장수초등학교 교사)

    2018년 나는 행복배움학교로 소속을 옮기게 되었다. 학년별로 두 개 학급밖에 없는 소규모 학교인데, 독특하게도 학년 다모임이 운영되고 있었다. '다모임'에는 중의적인 뜻이 있다. '차(茶)를 마시면서 이런저런 소통을 하는 모임'이라는 뜻도 되고 구성원 모두가 한자리에 '다 모인다'는 의미도 된다. 같은 학년 학생들이 한자리에 모여 자신들과 관련된 일들을 스스로 의논하고 결정하는 것이다.

    3월에는 생활목표 정하기를 주제로 다모임을 한다. 학생들 스스로 생활목표를 정하고, 각자 실천 의지를 다지기 위해 복도에 생활목표를 게시하면서 실천하기 위해 노력한다. 다모임을 통해 나온 의견들은 학교 전체 대의원회에서 다른 학년들과 공유하고 전체 대의원회에서 결정된 사항은 다시 학년과 학급에 적용하는 학생 자치의 모습이다. 학생 자치가 살아 있고 학생 자치의 의미와 가치를 지켜주려는 교사들의 배려와 노력이 남다르다는 점이 일반 학교와 구분되는 행복배움학교의 장점이라 할 수 있다. 학생들이 자기가 몸담고 있는 작은 사회인 학교 및 지역사회나 마을의 구성원임을 자각하고 당면한 문제들에 관심을 가지며 이를 스스로 해결해 나가려는 태도를 갖도록 하는 교육이야말로 진정한 민주시민교육이라고 생각한다.

학생들 사이에서 발생하는 여러 가지 문제들에 대해 논쟁하면 때로는 합의점을 찾아 대안을 모색하기도 하고 때로는 끝까지 합의에 이르지 못하기도 한다. 그러나 최종 합의를 이루지 못했더라도 그 과정을 거치고 나면 처음의 견해 차이와는 다른 차이를 확인하게 된다. 서로 논쟁을 준비하고 실제로 논쟁하는 과정 속에서 자신의 생각을 보다 논리적으로 가다듬게 되고 상대방의 주장을 듣는 과정에서 다양한 측면으로 이해해 보는 기회를 제공받게 된다. 직접 토의토론 과정을 거쳐 배움뿐만 아니라 학교 운영에 주체적으로 참여하는 학생들의 모습을 보며 보이텔스바흐 논쟁 수업이 우리 행복배움학교에 반드시 필요한 교육과정이며 교육방법이라는 믿음을 갖고 시작하게 되었다.

초등 3학년 논쟁 수업 첫걸음

초등학교 3학년 학생들은 아무래도 어휘력에 한계가 있다. 논쟁, 쟁점, 반박 등의 낱말은 물론, 논쟁 과정에서 자주 등장하게 마련인 평등, 인권, 자유의 개념 이해도 명확하지 않다. 그렇다 해도 아이들과 논쟁 수업이 불가능한 것은 아니다. 단순하고 빈약한 근거를 제시하고 비슷한 말을 반복 또 반복하더라도 인내심을 가지고 기다려 주면 아이들은 과정을 통해 배우고 실패를 통해서도 배운다. 일전에 동료 선생님이 이런 말을 한 적이 있다.

> "현장체험학습을 학생들이 주도하게 한 적이 있어요. 팀별로 각자 알아서 장소를 정하고 일정을 짜서 진행하게 했더니 계획대로 잘 마친 팀도 있지만 교통수단이나 시간 안배 등을 잘못해 고생한 팀도 있었어요. 그러나 성공적으로 현장체험을 하지 못한 팀에게도 배움이 있었다고 생각해요. 여행이나 현장체험학습을 계획할 때 고려할 점들이 무엇이며 얼마나 꼼꼼히 준비해야 하는지, 어떤 부분이 문제점이었는지를 되돌아보는 과정에서 큰 배움이 있었을 거예요."

논쟁 수업도 마찬가지라고 생각한다. 우리 반 학생들의 논쟁 모습을 누군가 보았다면 너무나 하찮고 의미 없는 대화가 끝없이 오가는 상황에 헛웃음만 나올지도 모른다. 저 상황에 무슨 배움이 있을까 싶기도 할 것이다. 그러나 아이들은 매번 매우 진지하게 참여하였고 너무 재미있어서 다시 논쟁 수업을 하고 싶다고 말하곤 한다. 처음 시작은 미미하였으나 그 끝은 심히 창대하리라는 말처럼 논쟁 수업을 통해 자신의 주장을 펼치고 비판적 사고를 하며 다른 사람의 의견을 들으며 서로 민주적인 의사소통을 하는 방법을 배우고 함께 실천하는 민주시민의 소양을 하나씩 배워 나가는 과정이기 때문이다.

"왜 꼭 그래야 하지?"

처음 아이들과 함께한 논쟁 수업은 어느 날 우연히 마주한 작은 질문에서 시작되었다. 항상 그래왔듯 그날도 점심 먹으러 교실을 나서는 아이들을 향해 외쳤다.

"남자 한 줄! 여자 한 줄!"

사실 굳이 외치지 않아도 된다. 왼손가락 하나, 오른손가락 하나 들면 자동으로 남자 한 줄, 여자 한 줄이다. 왼손가락 두 개, 오른 손가락 두 개를 펼치고 있으면 그건 두 줄씩 서라는 뜻이다. 초등학교 교사나 학생이라면 말하지 않아도 당연히 아는 암묵적 약속이다. 이번 주는 남자 먼저 배식이다. 자기 자리 정리를 먼저 끝내고 와도, 손을 먼저 씻고 와도 순서에는 변함이 없다. 이번 주는 키 작은 남자부터 먼저 받고 여자가 나중인 순서로 배식을 받는다. 그런데 한 아이가 혼잣말로 투덜거렸다.

"왜 줄 서는 데 꼭 여자, 남자를 구분해야 해?"

다른 학생들은 재잘대느라 못 들었지만 나는 그 순간 뒤통수를 맞은 것처럼 번뜩했다. '그러게! 밥 먹는 줄 하나 서는 데 남자와 여자 성별을 구분하는 과정이 필요할까? 일반 사회에서 버스 탈 때나 식당 줄을 설 때도 남자와 여자를 구분해 줄을 서지는 않잖아.'

그리고 보니 운동장에서도 습관적으로 남자 한 줄, 여자 한 줄을 고집했고 현장체험학습을 갈 때도 버스에서 내리자마자 "남자 한 줄, 여자 한 줄!"부터 외쳤던 것 같다. 출석 번호도 마찬가지다. 교사의 업무 편의와 효율성을 우선시하다 보니 다 함께 교육을 받는 학생들을 매 순간 여자와 남자로 구분해 왔던 것이다. 남녀 구분 줄 서기에 대해 아무도 이의를 제기한 적이 없었고 나 또한 고민조차 해보지 않았다. 지나치게 남자와 여자를 구분하고 남자다움과 여자다움을 강조하다 보면 잘못된 성역할 개념이 고정될 수 있어 양성평등교육 차원에서도 바람직하지 않을 것이다.

아이의 일리 있는 불평을 듣고 보니 다른 아이들의 생각은 어떤지 들어보고 싶어졌다. 점심을 마친 후 오후 도덕 시간에 아이들에게 이 주제를 던지고 논쟁을 붙여 보았다.

처음 하는 논쟁 수업

교사인 나도, 3학년 아이들도 아직은 낯설기만 한 논쟁 수업이다. 준비는 되지 않았지만 일단 시작해 보자는 마음으로 아무런 규칙이나 절차도 없이 자유롭게 진행했다. 몇몇 학생은 남자와 여자를 구분하여 출석번호를 매기는 것이 헷갈리지 않아서 그렇게 해야 한다고 말했다. 교사들과 비슷한 생각이다. 어떤 학생은 키와 걸음 속도를 연관 지어 자기의 논리를 펼쳤다. 예를 들어, 남학생이 여학생보다 키가 더 크고 다리가 길어 걸을 때 속도도 빠르니까 남자와 여자를 구분하여 줄 서고 키 작은 학생들이 앞에 서서 걸어야 한다는 것이다. 반대로 굳이 남자 여자 구분하지 말고 오는 순서대로 자연스럽게 한 줄로 서도 문제가 없다고 말한 아이들도 있었다.

초등 3학년 정도면 발언 시간에 혼자 30초 이상 길게 말하는 경우가 별로 없고 오히려 제한 시간을 두면 발언 자체가 위축될 수도 있으므로 굳이 제한 시간 규칙은 적용하지 않았다. 논쟁 중 수업에 참여하지 않고 딴짓을 하는 학생은 한 명도 없었다. 어떤 친구가 어떤 주장을 하는지 재미있다는 듯이 열심히 듣는 모습은 다른 수업 시간과는 사뭇 다른 분위기였다. 다만 열심히 듣기는 하지만 한 번도 손을 들고 자신의 입장을 이야기하지 않는 학생도 꽤 있었던 점이 아쉬운 첫 논쟁 수업이었다. 수업 후 학생들은 소감을 나누는 과정에서 자연스럽게 논쟁 수업의 규칙을 세워나갔다.

"찬성과 반대가 나눠 앉으면 좋겠어요. 누가 찬성 의견인지 누가 반대 의견인지 눈에 보이면 그 친구의 주장을 더 쉽게 알 수 있을 것 같아요."

"말하는 사람만 너무 많이 하고 나머지 사람은 듣고만 있는데 모두 한 번씩 말을 하면 좋겠어요. 다른 친구들 생각도 궁금해요."

"너무 작은 목소리로 말해서 무슨 말인지 잘 모르겠어요."

"말하고 있는데 중간에 손도 안 들고 막 껴드는 애들 때문에 말을 못 하겠어요. 그러지 않으면 좋겠어요."

논쟁 수업 첫걸음을 통해 우리 반 학생들은 논쟁 수업 시 지켜야 할 규칙을 배웠다. 그리고 급식 시간에 줄을 설 때 남자 여자 상관없이 오는 순서대로 한 줄을 서기로 최소 합의를 이루어냈다.

tip

✓ **의견이 다른 사람들과 논쟁할 때 지켜야 할 약속**

- 내 의견을 말할 땐
  모두가 들을 수 있도록 큰 소리로 분명하게 말해요.
  주제에 맞는 꼭 필요한 말을 해요.
  근거를 들어가면서 말해요.
- 다른 사람의 말을 들을 땐
  다른 사람의 말에 끼어들지 않고 끝까지 들어요.
  내 생각과 비교하며 들어요.
  다른 사람의 말을 존중하며 들어요.
- 최소 합의는 존중해요
  내 생각과 다르더라도 최소 합의는 존중해요.

논쟁이 실천이 되다

학생들 스스로 내린 결정임에도 처음 한동안은 급식 시간마다 어떤 순서로 서야 하는지 물어보더니 차츰 자연스럽게 오는 순서대로 한 줄 서기를 하기 시작했다. 논쟁을 통해 결정하고 바꾼 사안이어서인지 내심 뿌듯해하는 모습도 보였다. 그런데 한 줄 서기가 자리를 잡아가면서 다른 문제가 생기기 시작했다. 앞자리를 먼저 차지하기 위해 복도에서 뛰어오는 아이들이 있었고 책상 정리와 손 씻기를 시늉만 하고 잽싸게 먼저 오는 얌체 아이들도 있었다. 아이들은 또다시 이 점에 대해 문제를 제기하였고, 다시 토의를 하게 되었다.

"규칙을 제대로 지키지 않는 사람은 맨 뒷줄에 서게 해야 합니다."
"다시 옛날처럼 남녀 한 줄로 돌아가 키순서로 급식을 받으면 좋겠어요"
"손을 안 씻는 것은 그 사람의 선택이니까 다른 사람이 참견하면 안 됩니다. 자신의 건강을 위해 손을 씻는 거니까 자기 건강은 자기가 책임져야지 남이 말할 일은 아닙니다.'
"복도를 뛰는 건 다른 사람에게도 피해가 가고 위험하니 뛰어온 사람은 맨 뒤로 보내요."

다양한 의견들이 나온 가운데, 손을 씻는 것과 복도에서 뛰지 않는 것은 규칙이므로 이것을 지키지 않은 사람은 맨 뒤로 보내는 것으로 최소 합의를 보았다. 단, 손을 대충 씻는지 꼼꼼히 씻는지는 개인의 선택이므로 문제 삼지 않기로 하였다. 급식 시간에 한 줄 서기는 아이들이 활발한 의사소통을 거쳐 결정한 문제이므로 스스로 잘 실천하려고 하였고 지금까지 잘 지켜지고 있다.

이처럼 논쟁은 하는 것도 중요하지만 논쟁을 통해 최소 합의된 내용을 자신의 실제 생활 속에서 어떻게 실천할 것인지도 중요하다. 최소 합의로 문제를 해결했다 하더라도 실생활에서는 다시 문제가 발생할 수 있으므로 불변의 완벽한 해결책이라고 믿어서는 안 된다. 최소 합의 후에 또다시 갈등이 생기면 또다시 논쟁하고 실천하는 민주적 의사소통 과정을 반복하면서 사회는 보다 나은 방향으로 발전해 나갈 수 있을 것이다.

 벽돌 던진 초등학생, 처벌받아야 할까?

특별한 준비 없이 불쑥불쑥 학교생활에서 느낀 것들을 주제로 논쟁을 벌이기도 하고 학생들 스스로 정한 주제로도 논쟁 수업을 몇 차례 진행하자 "논쟁 수업 언제 해요?"라고 묻거나 "논쟁 수업 재미있어요." "저는 논쟁할 때 서로 반박하는 게 너무 재미있어요."라는 말이 나오기 시작했다. 논쟁의 워밍업이 어느 정도 이루어지고 서서히 근력이 붙어 간다 생각될 즈음, 이번에는 아이들의 눈을 사회로 돌려 관심과 생각의 폭을 확장시키는 논쟁 수업에 들어갔다.

교사는 사회에서 현재 이슈가 되고 있는 문제들에 항상 관심을 가지고, 학생들의 이해관계가 걸려 있는 상황을 학생들의 눈높이에 맞게 수업으로 가져와 논쟁해 볼 수 있는 기회를 제공해야 한다. 사회적 이슈에 대해 관심을 가지고 논쟁을 해보는 것도 궁극적으로 보이텔스바흐 논쟁 수업이 추구하는 목표인 정치 참여 단계를 위한 준비가 될 수 있다.

특히 2015 개정 교육과정 3학년 교과서의 '우리가 만드는 도덕 수업'이라는 단원은 '우리 모두를 위한 길'이라는 주제로, 깊이 생각하고 바르게 결정하는 힘과 서로 도우며 함께 살아가는 힘을 기르기 위해 주변 사회에서 일어나는 문제와 관련한 사례를 살펴보고 공동체를 위해 문제를 탐구하고 문제 해결 계획을 세우고 실천하는 활동을 해 보도록 구성되어 있다. 이 단원을 수업할 때 주변 사회의 다양한 이슈에 대해 논쟁 수업과 연계하여 다뤄볼 수 있다.

주변 사회로 관심을 넓히다

최근 청소년들의 학교폭력 사건이나 강력범죄가 점점 늘어나고 잔혹해지고 있지만 소년법에 따르면 만 14세 이상 19세 미만의 범죄 소년에게는 처벌보다 교화가 목적이어서 일반 성인과 같은 처벌을 할 수가 없다. 범죄 연령은 점점 낮아져서 초등학생의 강력 범죄도 자주 발생하고 있는데 이 역시 촉법소년법에 의해 만 10세 이상 14세 미만 초등학생의 범죄는 처벌할 수 없다. 이에 소년법을 개정해야 한다는 주장이 대두되기 시작했고 국민청원 게시판에도 소년법의 연령을 낮춰야 한다는 요구가 올라오고 있다.

이러한 사회적 분위기 속에서 얼마 전 또다시 초등학생이 아파트 옥상에서 벽돌을 던져 다른 사람의 자동차를 파손시키는 사건이 발생했다. 그나마 사람이 다치지 않고 차량만 파손되어 다행이라고 해야 하나? 이번 사건 역시 벽돌을 던진 초등학생의 부모가 피해 차량에 손해보상을 재빠르게 해주었고, 촉법소년법에 의해 해당 학생은 아무런 처벌도 받지 않았다. 그러자 또다시 소년법과 촉법소년법의 연령을 낮추어야 한다는 주장이 제기되고 있다.

'아파트 옥상에서 벽돌을 던져 다른 사람에게 피해를 준 초등학생은 처벌을 받아야 하는가?'

우리 반 학생들은 과연 이 사건에 대해 어떻게 생각할까 궁금하였다. 그리고 만 9세인 3학년 학생들도 내년이면 촉법소년법에 해당하는 나이가 되므로 이런 법 개정 움직임에 대해 관심을 가지고 깊이 생각해 보아야 할 것 같아 이를 주제로 논쟁 수업을 해보기로 하였다.

1 상황 던지기 : 논쟁해 보고 싶은 상황인가?

논쟁거리 정하기는 논쟁 수업의 성공 여부를 좌우한다고 해도 과언이 아니다. 논쟁거리는 학생들이 정말 흥미를 가지고 논쟁해 보고 싶어 하는 주제여야 한다. 그러려면 주제가 자신의 실생활과 직접적인 관련이 있고 이해관계가 있는 것이 좋다. 또한 의견도 적당히 찬반으로 갈려야 토론이 활발히 일어날 수 있다.

아파트 고층에서 던진 벽돌에 맞아 자동차가 파손된 사건을 다룬 신문 기사를 인쇄해 학생들에게 나눠주고 5분 동안 읽어보게 하였다. 교사가 기사를 종합하고 요약 정리하여 재구성한 자료로 제시해줄까 하다가 인터넷 기사를 그대로 보여주었다. 우리 주변에는 많은 일이 일어나고 있고 TV나 신문, 인터넷 뉴스를 보면 이런 것들을 자세히 알 수 있으니 평소에 학생들 스스로 사회 문제에 관심을 두고 찾아 읽어 보는 습관을 가지게 할 필요가 있기 때문이다. 또한 하나의 사건에 대해서도 그것을 다루는 매체의 특성이나 논조에 따라 서로 다른 방향으로 해석하여 글을 쓰기도 한다. 그러므로 학생들은 비판적인 시각을 가지고 다양한 자료를 읽으면서 비판적 사고를 할 수 있어야 한다.

학생들은 기사를 읽자마자 뜨거운 반응을 보였다. "옥상에서 어떻게 벽돌 던질 생각을 해?" "밑에 사람이 지나가고 있었으면 어쩔 뻔했어." "차 고쳐 주려면 돈 엄청 많이 들었겠다." 등등 다양한 반응을 보면서 충분히 논쟁거리가 될 수 있겠다는 생각이 들었다. 논쟁거리가 될 수 있는 상황은 학생들이 논쟁해 보고 싶다는 충동을 느낄 수 있을 만큼 흥미를 유발할 수 있는 상황이어야 한다.

물론 '투척'이나 '파손'의 뜻이 무엇인지 물어보는 초등 3학년다운 질문들도 이어졌다. 모르는 낱말에 대해 솔직하게 질문하는 것도 고마운 일이다. 그 덕분에 한 줄씩 설명해 가며 함께 읽으니 학생들의 이해에도 도움이 되었다.

두 번째 자료로 관련 동영상 뉴스를 보여주었다. 학생들은 동영상으로 사건을 보자 더 심각하게 느끼는 것 같았다. 동영상 뉴스에서는 법적으로 어린 나이이기 때문에 '처벌 불가'라는 내용이 나왔는데 이는 신문 기사에서는 언급되지 않았던 부분이다. 신문 기사만 읽었다면 '이런 일이 있었구나!' 정도로만 여기고 넘어가게 되어 여기서 3학년 학생들이 토론거리를 찾아내기는 어려웠을 것이다. '처벌 불가'라는 표현을 들었을 때 사건에 대해 고개를 갸우뚱하면서 다시 생각해 보게 된다. 학생들에게 오늘 이 사건을 가지고 토론을 해보려고 한다고 상황을 던졌다.

다 함께 참여해 토론 주제 정하기

- 피라미드식 방법으로 토론 주제 정하기
  - 한 명당 3개씩 크기가 같은 작은 포스트잇을 준다.
  - 각자 생각하는 주제 3개를 포스트잇에 하나씩 쓴다.
  - 4명 1모둠으로 나누고 모둠별로 자신의 주제를 소개하고 추천하는 이유를 밝힌다.
  - 각 모둠은 12개의 주제 중 중복되는 것이 가장 많고 좋은 주제를 3개 뽑는다.
  - 모둠별로 뽑은 3개 주제를 모아 칠판에 붙인다.
  - 최종적으로 한 가지 주제를 정한다.

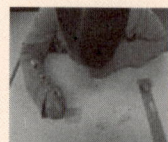
각자 3개 쓰기

모둠별 3개 정하기

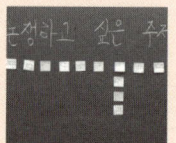
전체 1개 정하기

2 쟁점 찾기 : 어느 부분에서 의견이 갈리는가?

함께 본 신문 기사와 동영상 뉴스에서 논제를 직접 찾아보도록 아이들에게 질문해 보았다.

교사 오늘 이 사건을 가지고 토론을 해볼까요? 그럼 논제를 무엇으로 정하면 좋을까요?
학생 1 아파트 옥상에서 벽돌을 던지면 안 된다.
교사 그렇게 논제를 했을 경우 찬성하는 사람 손들어 보세요. 대부분의 학생이 손을 들었네요. 그럼 반대하는 사람 손들어 보세요. 아무도 반대하는 사람이 없군요.

학생 2 아파트 옥상에서 벽돌을 던져도 된다고 생각하는 사람은 아무도 없죠.

학생 3 모두 찬성만 하고 반대를 하면 토론을 할 수가 없잖아요.

교사 그러네요. 그럼 논제를 어떻게 바꾸면 좋을지 다시 한번 생각해 보세요.

초등학교 3학년 학생들에게 스스로 논제를 찾는 일은 쉽지 않다. 처음에 한 학생이 '아파트 옥상에서 벽돌을 던지면 안 된다.'라고 했을 때 아이들은 별 문제 의식을 갖지 않았지만 교사가 찬반의 입장을 표현해 보게 하자 찬반이 갈리지 않는 명제는 토론의 논제가 될 수 없다는 것을 스스로 깨달았다.

아이들이 쟁점에 접근하는 데 도움을 주기 위해 이와 유사한 사건들 즉, 초등학생이 고층에서 물건을 던져 밑에 있던 사람들이 다치거나 피해를 본 사건들에 관한 기삿거리를 미리 검색해 두었다가 소개하면서 이 사건 모두 학생들이 나이가 어리기 때문에 처벌받지 않았다는 점을 언급하였다. 그러자 평소에도 질문의 요지를 잘 파악하던 학생 한 명이 적절한 논제를 제시해 주었다.

학생 4 '고층 건물 옥상에서 벽돌을 던진 초등학생을 처벌해야 한다.'로 하면 좋겠습니다. 저는 저런 일이 많이 있었는데 모두 처벌되지 않았다는 게 이상해요.

학생 5 '처벌'이 뭐예요?

교사 '처벌'이란 뭔가 잘못한 일이 있을 때 그 잘못에 대해 벌을 주는 거예요. 어른들이 죄를 지으면 벌금을 물거나 경찰서에 잡혀가기도 하지요. 그런 것들이 모두 처벌이에요.
학생 6 학생을 경찰이 잡아가는 거는 좀 무서워요.
학생 7 그래도 잘못을 했으면 벌을 받아야지.

자연스럽게 초등학생이라도 벌을 받아야 한다는 입장과 벌주는 건 너무하다는 입장으로 나뉘었다. 어느 부분에서 의견이 갈리는지를 파악하면 학생들 스스로 쟁점을 쉽게 찾을 수 있다. 그래서 논제를 '고층 건물 옥상에서 벽돌을 던진 초등학생을 처벌해야 한다.'라는 문장으로 정하고 칠판에 적었다. 범죄를 저지른 초등학생을 처벌해야 하는지, 해서는 안 되는지에 대한 쟁점을 학생들 스스로 찾아낸 것이다.

이번에는 쟁점에 대해 근거가 될 수 있는 자료들을 직접 찾아보는 시간을 주기로 하였다. 처음 보이텔스바흐 수업을 시작할 무렵에는 1차시 40분이라는 시간 안에 논쟁의 모든 절차를 마쳤었다. 그러다 보니 학생들이 쟁점에 대해 근거를 충분히 찾아볼 시간적 여유가 없어 즉흥적으로 그 자리에서 생각나는 근거를 가지고 논쟁에 임하게 되는 한계가 있었다. 아는 것이 너무 없으면 논쟁이 제대로 이루어지지 않고 뻔한 근거를 무한 반복하는 경우가 많다. 논쟁의 회차가 늘어갈수록 배경지식을 넓히고 충분한 근거를 준비할 수 있는 시간이 필요하다는 것을 느꼈다. 그리고 논쟁이 시작되면 반대편의 질문이나 반박이 들어올 수 있으므로 쟁점에 대해 찬반 양쪽 모두의 주장에 대한 근거를 정리해 보도록 하였다.

✓ **배경 정보를 찾거나 논거를 준비할 때는…**

- 초등학생은 일주일 이상 너무 긴 준비 시간을 주면 흥미가 급격히 떨어지거나 아예 잊어버리게 된다. 하루나 이틀 정도 숙제로 내주거나, 수업 시간에 다 같이 컴퓨터실이나 도서관에 가서 자료를 찾아보고 각자 정리·요약할 수 있는 시간을 주는 것도 좋다.
- '주장-중심 근거-세부 근거-예상 반박' 등을 적을 수 있는 학습지 양식(생각 카드)을 제공해 주는 것도 학생들이 찾은 정보를 정리·요약하는 데 도움이 된다.

❸ 입장 드러내기 : 나의 입장은? 그 까닭은?

학생들이 직접 찾아낸 논제 '고층 건물 옥상에서 벽돌을 던진 초등학생은 처벌을 받아야 한다.'를 칠판 위쪽에 쓰고 반을 나누어 찬성 측과 반대 측이 앉아야 할 자리를 알아보기 쉽게 표시했다.

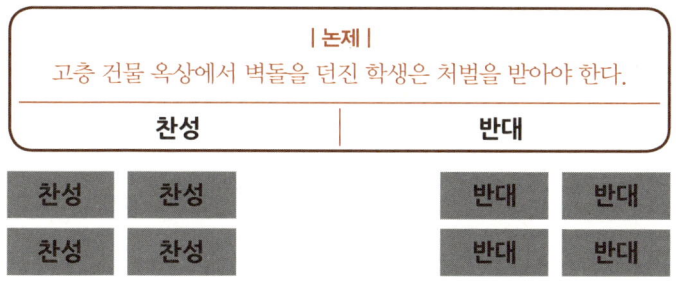

보이텔스바흐 수업 시 판서와 자리 배치

이 단계에서 학생들은 상황에 대해 다시 생각해 보고 자기 입장을 정리하게 된다. ㄷ자로 자리를 배치해 찬성과 반대로 나누어 앉혔다. 만약 어느 한쪽이 더 많다면 맨 뒷줄의 옆으로 나란히 붙어 있는 책상을 나누어 찬성과 반대가 서로 마주 보게 한다. 학생들은 활동지 또는 포스트잇에 자신의 입장이 드러나게 정리한다.

📁 **생각 카드 활동지**

나의 주장 나는 고층 건물 옥상에서 벽돌을 던진 초등학생은 처벌을 받아야 한다고 생각합니다.	반대팀 주장 나는 고층 건물 옥상에서 벽돌을 던진 초등학생은 처벌을 받지 않아도 된다고 생각합니다.
근거 ▶ ▶ ▶ ▶ ▶	예상 반박 ▶ ▶ ▶ ▶ ▶

초등 저학년이나 중학년의 경우 '입장 드러내기'에서 자기주장을 펼치는 말하기에 익숙하지 않기 때문에 연습이 필요하다. 그래서 말하기에 대한 두려움을 줄여주고 논리적으로 말하는 데 도움을 주고자 4단 논법을 활용하도록 하였다. 즉, 주장→근거→설명→정리의 4단계로 이루어진 주장 말하기의 틀을 제시해 주고 꾸준히 연습하게 하면 말하기를 어려워하는 저학년 학생들도 토론 과정에서 더 논리적이고 설득력 있게 말할 수 있다.

> ✅ **'입장 드러내기'를 할 때 유용한 4단 논법**
>
> - 주장
>   - 나는 _____ 해야 한다고 생각합니다.
>   - 나는 _____ 하지 않아야 한다고 생각합니다.
> - 근거
>   - 왜냐하면 _____ 이기 때문입니다.
> - 설명
>   - 예를 들어 _____.
> - 정리
>   - 그러므로 _____ 해야 합니다.
>   - 그러므로 _____ 해서는 안 됩니다.

④ 논쟁하기 : 허용적인 분위기로 충분히 논쟁

'논쟁하기' 단계는 주장 펼치기와 반박, 질문하기로 진행된다. 주장 펼치기에서 상대편 근거에 오류가 있거나 잘못된 내용이 있으면 반박하고 질문하기 시간에 충분히 지적할 수 있다고 미리 안내하자 아이들이 상대팀 발표에 좀 더 경청하는 태도를 보였다.

고층에서 벽돌을 던져서 사람을 다치게 하거나 물건을 망가뜨리면 처벌받아야 한다는 찬성 입장의 학생들은 근거로 세 가지를 제시했다.

- 아이도 어른과 똑같이 사람이니까 잘못하면 벌을 받아야 한다.
- 아무리 초등학생이라도 사람이 죽거나 물건이 부서지는 것처럼 너무 큰 잘못을 했을 때는 벌을 받아야 한다.
- 잘못한 초등학생 대신 그 학생의 부모님이 피해를 보상해 주는 것은

옳지 않다. 잘못한 사람이 직접 벌을 받아야 한다.

처벌해서는 안 된다는 반대 입장의 학생들은 다음과 같은 근거를 들었다.

- 어린 학생이 실수한 것이기 때문에 용서해 주어야 한다.
- 위험한 행동이라는 것을 제대로 교육받지 않아서 모르고 그런 것이므로 벌을 주어서는 안 된다.
- 초등학생들은 기억력이 좋지 않아서 잘못할 수도 있으므로 벌을 주어서는 안 된다. (여기서 기억력은 판단능력이라는 말을 잘못 사용한 것으로 여겨졌으나 활발한 논쟁을 위해 교사가 가능하면 개입하지 않았다.)

반박하기에서는 다음과 같은 반박이 오갔다.

- 위험한 행동이라는 것을 교육받지 않아서 그런 것이라는 주장에 대해: 학교에서도 안전교육 시간에 교육을 받고 집에서 엄마 아빠도 주의를 주기 때문에 교육을 못 받은 것은 아니다.
- 초등학생이라서 기억력이 나쁘다는 주장에 대해: 모든 초등학생이 다 그런 것은 아니다.
- 잘못한 아이가 직접 벌을 받아야 한다는 주장에 대해: 아이와 어른은 똑같지 않다. 아이들은 돈이 없어서 물어줄 수도 없고 그렇다고 어른처럼 감옥에 갈 수도 없다. 그러므로 초등학생이 죄를 저질러도 어른과 똑같이 벌을 받게 하면 안 된다.

찬성과 반대가 서로 번갈아 가면서 각각 근거를 들어 주장을 펼치도록 횟수의 제한을 두지 않고 10분간 주장 펼치기를 하였다. 개인 발언 시간에 제한을 두지는 않았는데, 초등학교 중학년의 학생들은 대부분 아무리 길어도 1분을 넘기지 않기 때문이다. 그리고 다른 학생의 근거와 동일한 근거를 드는 동어반복의 오류를 범하더라도 허용하였다. 교사가 최대한 개입하지 않을 때 학생들은 자유로운 분위기에서 더 자발적이고 적극적으로 논쟁을 벌인다.

5 최종 입장 정하기 : 자기 생각 굳히기

논쟁이 끝나갈 때까지도 학생들의 찬반 의견은 팽팽해 좀처럼 결론이 나지 않았다. 학급 학생들이 모두 참여하는 논쟁이므로 배심원이 따로 정해져 있지 않아서 찬반에 대한 승패를 가리지는 않았다.

논쟁 도중에 한 학생이 "선생님, 저 입장을 바꿔도 되나요?"라고 물었다. 적극적으로 주장을 펼치기보다는 다른 사람들의 주장을 경청하는 태도를 보이던 학생이었는데 생각이 바뀌었다며 찬성 측에서 반대 측으로 자리를 옮기고 싶어 했다. 당연히 입장은 바뀔 수 있다. 열심히 자기 입장을 정리해서 논쟁에 임하지만 논쟁 도중에 입장이 바뀌기도 한다. 그럴 때는 논쟁 도중이라도 언제든지 자리를 바꿔 앉도록 허용하였다. 처음에는 논쟁 도중에 자리를 왔다 갔다 하는 것이 어수선할 것 같고 논쟁 분위기를 깨뜨릴까 봐 조금 걱정되었으나 진지하게 열띤 논쟁을 하고 있던 학생들에게는 그다지 문제가 될 수준은 아니었다. 오히려 최종 입장을 정하고 자신의 생각을 굳히는 모습을 시각적으로 볼 수 있을 뿐만 아니라 논쟁의 흐름도 느낄 수 있어서 논쟁에 긴장감을 더해주는 긍정적인 효과가 있었다.

허용적인 분위기 속에서 충분한 논쟁 펼치기를 한 후에는 최종 입장 정하기 단계로 들어갔다. 이 단계는 자기 생각을 굳히는 단계로, 찬성과 반대 측이 다시 한번 자신들의 입장을 공고히 하는 마지막 발언 기회를 갖는다.

> ✓ **학생들의 참여도를 높이려면**
> - 발언 역할을 분담해요.
>   / 주장 펼치기, 반박하기, 질문하기, 최종 입장 정하기 등 단계별로 발언할 사람을 미리 정하면 특정 학생에게 발언이 집중되는 쏠림 현상을 막을 수 있다.
> - '생각 카드' 작성으로 논거를 정리해요.
>   / 같은 팀끼리 주제에 대한 '생각 카드' 활동지를 활용하여 주장, 반박, 중심 근거, 보조 근거 등을 함께 작성해 나가면서 논리를 정리·요약해 두면 논리력을 기를 수 있고 논쟁에서 밀리지 않는 데 도움이 된다.
>   / 학생들이 책임감 있게 논쟁을 준비할 수 있고 발언에 대한 부담감도 덜어준다.
> - 방청객은 논쟁 소감을 발표해요.
>   / 찬반 어느 쪽 입장도 취하지 않는 학생들은 방청객이 되어 논쟁하는 팀에게 질문하거나 논쟁에 대한 소감을 말하게 한다.
>   / 질문을 위해 더욱 경청하게 되며 발언을 어려워하는 학생도 짧게나마 발표 기회를 가질 수 있다.

❻ 실천 의지 다지기 : 다양한 방법으로 실천

논쟁을 마친 후 '실천 의지 다지기' 단계에서는 아파트 옥상에서 벽돌을 던진 학생에게 어떻게 하면 좋을지 찬성 측과 반대 측 모두 생각해 보게 하였다. 찬성 측에서는 "높은 곳에서 물건을 던지는 것은 매우 위험한 행동이야. 앞으로는 그렇게 하지 않았으면 좋겠어."라고 말로 타이르겠다는 학생도 있었고, 반성문을 쓰게 하거나 직접적인 처벌을 요구하는 학생도 있었다. 어떤 학생은 물건이 망가진 게 있으면 다 물어주고 다친 사람이 있으면 다 치료해 주어야 한다면서 확실한 피해 보상을 언급하기도 했다.

반대 측에서는 이러한 사건이 다시 일어나지 않도록 학교나 가정에서 예방교육을 많이 해주어야 한다거나 높은 곳에서 물건을 떨어뜨리면 위험하다는 포스터를 만들어 우리 학교나 아파트에서 캠페인을 해보자는 의견도 나왔다. 이제 적어도 우리 반 학생 중에는 아파트에서 물건을 투척하는 학생은 없을 것 같다.

tip

> ✅ **실천 의지를 다지는 다양한 방법**
> - 직접 의사를 전달하고 소통하기
>   - 내 마음을 담아 편지 쓰고 직접 전달하기
>   - 의사소통 창구를 이용하여 민원 넣기
> - 다양한 방법으로 주변 사람 설득하고 공감대 끌어내기
>   - 캠페인 활동하기 / 주장을 담은 표어, 포스터 만들기
>   - 그림, 만화로 표현하기 / 동시로 표현하기 / 공익광고 만들기
>   - 주장하는 내용으로 유튜브 동영상 만들기
> - 내적 실천 의지 다지기
>   - 나와 친구들의 의견을 바탕으로 핵심 낱말을 넣어 문장 만들기
>   - 나만의 가치 사전 만들기 / 핵심 쟁점 낱말로 삼행시, 사행시 등 짓기

보이텔스바흐 원칙에 따른 논쟁 수업 흐름도

과정	내용
❶ 상황 던지기	▶ 아파트 옥상에서 벽돌을 던져 다른 사람에게 피해를 준 초등학생은 처벌을 받아야 하는가? • 교사가 논쟁 배경 안내 • 논제 정하기 • 학생이 배경지식 스스로 찾기
❷ 쟁점 찾기	▶ 찬성: 초등학생이라도 처벌을 받아야 한다. ▶ 반대: 초등학생에게 처벌을 해서는 안 된다. • 다양한 관점 찾아 내용 정리하기 • 찬반 선택 시 이해관계 분석하기
❸ 입장 드러내기	▶ 찬성 vs. 반대 정하기 • 나의 관점 정하기 • 입장과 근거 정리하기
❹ 논쟁하기	▶ 찬성 측과 반대 측으로 논쟁하기 • 논의 제시 순서: 찬성 측-반대 측 • 질문 또는 반박하기 순서: 반대 측-찬성 측 • 자신의 이해관계에 어떤 영향을 줄 수 있는지 정리하기
❺ 최종 입장 정하기	• 1차에서 정한 입장을 바꿀 수 있는 기회 부여하기 • 자신의 입장 굳히기
❻ 실천 의지 다지기	▶ 찬성: 범죄를 저지른 초등학생에게 줄 수 있는 처벌 방안 찾기 ▶ 반대: 처벌 없이 범죄를 하지 않도록 예방하는 방안 찾아보기 • 찬반 양측의 입장에 따른 각자의 실천 방안을 논의하고 실천하기

※ 교과 연계: 초등 3학년 도덕 '우리가 만드는 도덕수업 2' (우리 모두를 위한 길)

 **수업 후기** 야금야금 교실에서 시작한 민주시민교육

토론이 뭔지도 잘 모르는 초등학교 3학년 학생들과 함께 교실에서 야금야금 시작한 보이텔스바흐 수업은 의미 있는 활동이었다. 처음에는 논쟁 주제를 찾고 준비하는 것이 쉽지 않았지만 점차 아이들은 논쟁 수업을 재미있어 하고 도덕 시간이 되면 논쟁 수업을 희망하는 모습을 보였다. 수동적으로 주어지는 지식을 습득하는 배움이 아니라 수업의 주체로서 학생 스스로 사고하고 비판하면서 능동적으로 서로에게 배움이 일어나게 하는 수업이 되어갔다.

또한 아이들은 자신의 주장을 더 설득력 있게 펼치기 위해 논거들을 충분히 준비하고 말을 조리 있게 하는 법을 익혔다. 발표가 힘들어 수업시간에 울음을 터뜨렸던 한 아이는 "저는 발표할 때마다 떨리고 자신감이 없었는데 이제 친구들 앞에서 말하는 게 어렵지 않아요."라고 소감을 말했다. 처음엔 개념조차 잘 몰랐던 인권, 평등, 자유, 책임, 권리와 같은 말들을 그럴싸하게 사용하는 아이들의 모습에서 의사소통 능력이 자연스럽게 향상되었음을 느낄 수 있었다.

무엇보다 논쟁 수업을 통해 우리 반 학생들은 자신들의 학교생활에서 벌어지는 다양한 문제들을 다뤄볼 수 있는 기회를 가졌다. 서로 다른 생각과 의견을 주고받으며 때론 너무 논쟁에 몰입하여 감정적 대립을 보이기도 하고 때론 교사가 전혀 의도치 않던 방향으로 문제 해결 방안을 도출하여 당황스럽게도 했지만 자기들이 낸 의견이나 아이디어를 실천하는 데 있어서는 훨씬 더 설득력과 구속력이 있었다.

일상이나 사회에서 일어나는 문제들 또는 정책들은 여러 가지 이념이나 가치가 대립되고 다양한 사람들의 이해가 충돌하여 이를 해결하는 것이 쉽지 않다. 그러나 교육은 이런 예민한 문제들을 피하는 것이 아니라 학생들 스스로 이해 당사자가 되어 논쟁을 하면서 비판적 사고와 협의를 통해 합리적으로 문제를 해결하게 하는 것이다. 논쟁에 그치지 않고 적극적으로 실천방안을 마련하고 꾸준히 실천하여 사회 변화를 이끌어낼 수 있는 민주시민역량을 기르도록 해야 한다.

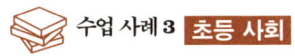

수업 사례 3 초등 사회

화장에 관한
학생 조례 만들기

최찬혁(인천동막초등학교 교사)

    6년 만에 새로 옮긴 학교는 교생실습학교였는데 예비교사들을 실습시키는 학교인 만큼 교육과정을 더 철저히 연구, 분석하여 재구성하였다. 동학년 선생님과 협의하던 중 최근 교육 화두로 부각된 민주시민으로서의 역량을 키우기 위해 토론수업이 주가 되는 프로젝트수업으로 재구성하였다.

    때마침 연수를 통해 알게 된 보이텔스바흐 원칙에 따른 논쟁 토론을 동학년 선생님들에게 제안해 보았다. 처음에 선생님들은 생소한 이름과 내용에 낯설어하였지만 그 원칙과 내용을 듣고 나서는 관심을 가지기 시작했다. 그러나 보이텔스바흐 원칙이 정치적인 합의를 이룬 원칙이다 보니 조금은 난해하게 느끼는 것 같았고 토론 주제로 무엇을 잡아야 할지는 더 막막해 하였다. 우리 교육 현실에서 민감한 영역인 정치적 쟁점과 관련된 것을 다루는 것이라 더 조심스러하는 동학년 선생님들에게 꼭 주제로 정치적인 이슈를 다루는 게 아니고 학생들이 서로의 이익(생각, 가치관)을 위해 대립할 수 있는 주제를 잡으면 된다고 설명했다. 주제도 교사가 정해준 것을 학생들이 토론하기보다는 이슈가 되고 있는 상황이나 뉴스를 알려주고 그와 관련된 주제를 학생들 스스로 정하고 토론하도록 안내하면 된다고 말했다. 이에 공감한 선생님들은 서로 각자 최근 이슈가 되는 사회 현상과 뉴스거리를 찾아보기로 하였다.

 초등생 화장을 허용해야 하는가?

먼저 학생들이 관심을 가질 만한 상황이나 뉴스거리를 생각해 보았다. 올해 학생들은 6학년이다 보니 스마트폰이 있는 학생들이 많았다. 수업시간에 스마트폰을 활용하는 경우가 가끔 있긴 하지만 교칙상 학교에서는 전원을 꺼놓는 것이 원칙이다. 하지만 초등학교 6학년이라면 핸드폰 사용에 대한 규칙을 스스로 정하고 그 규칙을 준수하는 것이 가능한 나이이므로 함께 다뤄볼 만한 주제라는 생각이 들었다.

또한 초등학교 고학년 여학생들의 관심사인 화장과 관련하여 '학교에서 화장하는 것을 허용해야 하는가'라는 주제에도 관심이 갔다. 요즘과 같이 학생 인권이 존중되는 학교 현장에서 화장 허용과 같은 주제는 학생들 개개인의 가치관이 반영되어 논쟁 토론을 하기에 적합해 보였다.

이 두 가지 상황을 학생들에게 보여주기 위해 자료를 찾아보니 연합뉴스TV에서 방영된 '학생 휴대전화 수거할까 말까'와 MBC '100분 토론' 가운데 화장에 관련된 학생, 학부모, 교사 등의 주장이 담긴 4분짜리 영상이 적절해 보였다. 이 두 가지 영상을 준비하여 상황을 마련해주고 학생들이 논제를 찾도록 계획하였다. 추가로 학생들이 더 좋은 논제를 찾아내면 그것을 반영하여 여러 논제 중에 찬반으로 가장 팽팽하게 나뉘는 주제를 가지고 토론할 수 있도록 수업을 구상하였다. 수업 시기는 과목별 진도표를 참고하여 6학년 국어 4단원의 '주장과 근거를 판단해요'와 사회 2단원의 '우리나라의 정치발전', 도덕 1단원의 '내 삶의 주인은 바로 나'를 서로 연계하여 정하였다.

1 상황 던지기 : 일상의 문제에서 출발

국어 시간 '주장과 근거를 판단해요' 단원에서 기본적으로 주장하는 글을 쓰는 방법과 그 근거를 찾는 방법을 배웠고, 도덕 1단원에서 내 삶의 주인으로 살아가기 위해 내가 처한 상황에서 적극적으로 생각하고 행동하는 것을 배웠다. 또한 사회 2단원에서 민주적 의사 결정 원리에 따라 문제를 해결해가는 방법을 알게 되면서 논쟁 토론의 기반이 어느 정도 마련되었다.

그 후 학생들에게 준비한 두 영상을 보여 주었다. 학생들은 '학교에서 휴대전화를 수거해야 할까, 말아야 할까'와 화장과 관련된 '100분 토론' 하이라이트 영상을 보며 두 가지 상황에 대한 문제의식을 갖게 되었다. 학생들에게 이 두 가지 상황에 대해 받아들일 수 있냐고 물었더니 다수의 학생들이 거부감을 보였다. 이에 학생들에게 토론 수업을 제안하고, 그동안 학교생활에 불만을 가졌거나 원하는 논제가 있으면 포스트잇에 써서 칠판에 붙여 보게 하였다. 학생들은 소곤소곤 이야기를 나누며 생각보다 빠르게 불만 사항들을 적기 시작했다. 10여 분 만에 모든 학생들이 칠판에 포스트잇을 붙였고 그중 가장 많은 학생이 문제시하는 주제를 골라보았다.

학생들이 꺼낸 주요 논제는 '아침활동을 없애자' '학교에서 핸드폰을 쓸 수 있게 하자' '학교에서 외적인 것(두발, 화장, 옷차림) 자율화' 등이었다. 논쟁 토론을 위해서는 찬·반이 비슷하게 나뉘어야 하므로 먼저 찬성 반대 입장을 확인했다. 그 결과 '아침활동을 없애자'는 찬성 21명, 반대 1명이 나왔고, '학교에서 핸드폰을 쓸 수 있게 하자'는 찬성 16명, 반대 6명이었으며, '학교에서 외적인 것(두발, 화장, 옷차림) 자율화'는 찬성 14명, 반대 8명으로 나뉘었다. 이 세 가지 논제 중에서 찬반 의견이 비슷하게 양분된 주제인 '학교에서 외적인 것(머리, 화장, 옷차림) 자율화'를 논제로 정하였다. 정해진 논제가 너무 포괄적이라 좀 더 구체화하기 위하여 머리, 화장, 옷차림 중에서 학생들의 관심이 가장 많은 화장으로 범위를 좁혀 토론하기로 하였다.

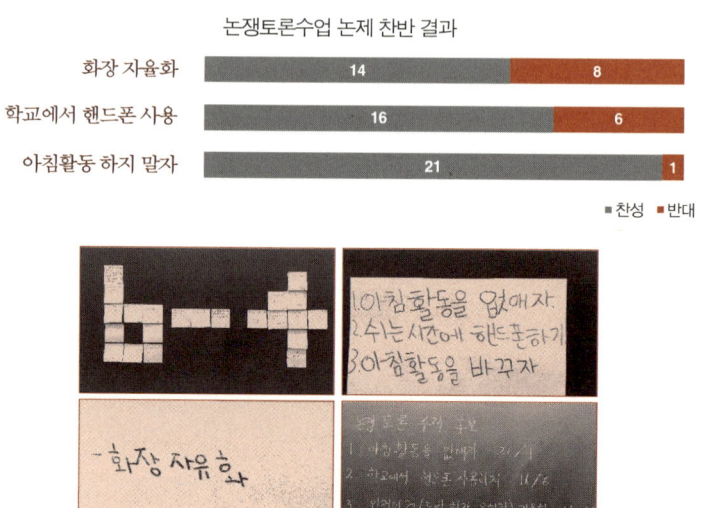

❷ 쟁점 찾기 : 양측의 견해를 분명하게 인지하기

학생들에게 토론에 앞서 논제를 명확하게 잡아 보자고 하였다. 토론에 대해 배워서인지 학생들은 토론에 어울리는 논제를 잡는 방법을 잘 알고 있었고, 자연스럽게 '학교에서 화장하는 것을 허용해야 한다'를 논제로 정했다. 그 후 다양한 관점에서 논제에 대해 살펴보기로 하였다. 물론 토론 시작에 앞서 각자 찬성과 반대 입장을 정했지만 다양한 관점을 고려하지 못한 학생들도 있을 것이기 때문에 학생, 학부모, 교사 측면에서 생각해 보는 과정을 거쳤다.

먼저 학생 측면에서는 학생 인권으로서 자유라는 가치와 학생다움을 추구하는 절제라는 것이 충돌되었다. 많은 학생이 "개인의 자유가 존중되어야 한다."라는 생각을 표명하였고 다른 쪽에서는 "학생은 학생다워야 한다."라는 관점을 가지고 있었다.

두 번째 학부모 측면에서는 "자식을 사랑하기 때문에 화장하는 것도 존중해 줄 것이다."라고 말하는 학생과 "화장품 구매에 돈이 지출되고 이로 인해 학생들 사이에 위화감이 조성되므로 반대할 것이다."라고 생각하는 학생들이 있었다.

마지막으로 교사의 측면에서는 "학생들의 인권과 자유를 존중하는 선생님은 당연히 찬성할 것이다."라는 의견과 "학생들이 화장을 하다 보면 지나치게 외적인 것에 관심을 기울이게 되고 이로 인해 인성보다 외모를 더 중시하게 되므로 반대할 것이다."라는 의견이 나왔다.

이렇게 세 가지 관점에서 살펴본 후 찬반 의견이 채택되었을 때의 장단점을 살펴보기로 하였다. 찬성 의견이 채택되어 화장할 수 있게 되면 학생 인권과 개성이 존중받는 자유로운 분위기 속에 더 행복한 학교생활이 될 것이다. 반면에 화장하는 학생들과 하지 않는 학생들이 나뉘어 다투게 될 수도 있고, 좋은 화장품을 구매하는 학생들과 그렇지 못한 학생들 사이에 위화감이 생기거나 열등감을 느끼는 일이 생길 수도 있다. 한편 반대 의견이 채택되면 학생들의 피부 건강이 나빠지지 않을 수 있고 학생답게 보인다는 장점이 있지만, 학생 개인의 자유와 인권이 침해받고 지금 시대의 상황과 맞지 않는다는 단점이 있다. 이런 측면들을 고려한 후 본격적인 토론에 들어가기에 앞서 서로 비슷한 생각을 하는 학생들끼리 의견을 나누고 자신의 관점을 명확히 하는 시간을 주었다.

3 입장 드러내기 : 스스로 입장 표명하기

초등학교 6학년 정도면 자기 생각을 잘 표현할 수 있는 나이여서 평소 수업 시간에 자유로운 발표 분위기를 만들어 주고자 신경 써 왔다. 특히 국어 시간에는 열린 질문에 다소 엉뚱한 대답이 나와도 발표 내용을 허용한 까닭에 학생들이 활발히 자신의 입장을 표명하고 의견을 드러내기 시작했다.

먼저 화장하는 것에 대한 각자의 입장을 허니컴보드(육각 메모지)에 써서 칠판에 붙이게 하고, 찬성 측과 반대 측이 모여 앉을 수 있게 책상을 배치해 토론을 준비하게 하였다. '학교에서 화장하는 것을 허용하자'는 쪽이 14명이었고 '학교에서 화장하는 것을 허용하면 안 된다'가 8명이었다. 여학생은 8명 중 6명이 찬성, 2명이 반대 입장을 선택했으며, 남학생은 14명 중 8명이 찬성, 6명이 반대 입장을 선택했다.

남학생, 여학생 모두 진지하게 토론 준비에 임하는 모습을 보여주었다. 다만 논쟁 주제가 학생들 사이에서 민감한 내용이다 보니 다소 견제가 심한 모습을 보이기도 했다. 특히 화장에 찬성하는 학생들이 반대하는 학생들을 이해할 수 없다며 부정적인 태도를 보여 학생들에게 자신의 생각과 다르다고 안 좋게 생각하는 것은 올바르지 못하다는 점을 당부하였다. 충분한 토론 준비 시간을 거쳐 본격적인 토론에 들어갔다.

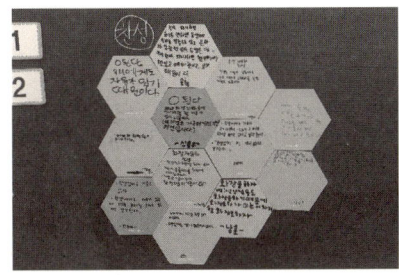
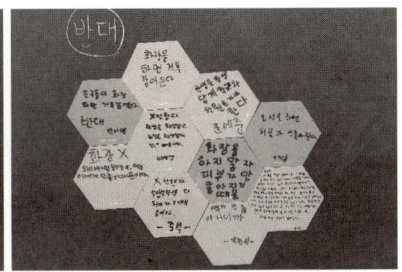

4 논쟁하기 : 근거로 힘을 얻는 주장과 반론

의욕은 넘쳤지만 서로의 주장에 반론하기는 쉽지 않아요

토론은 일반적인 형태의 토론을 진행하기로 하였다. 찬성 측과 반대 측이 자신의 주장을 까닭과 함께 제시하고 그 후 반대 측부터 서로의 주장에 반론을 제기하며 토론하기로 약속하였다. 그리고 교과서에 나오는 토론과 달리 토론의 승패를 결정하는 판정단을 두지 않고 담임교사인 내가 사회를 맡아 원활한 진행을 돕기로 했다.

먼저 찬성 측이 주장과 함께 까닭을 말하고, 이어서 반대 측이 의견을 말하였다.

찬성

"우리에겐 자유가 있으며 여기엔 화장을 할 자유도 포함되는데 학교에서 이것을 침해할 수는 없습니다."

"화장을 안 하면 못생겨서 왕따를 당할 수도 있고 외모 때문에 스트레스를 받을 수 있습니다."

"선생님들도 화장하기 때문에 우리도 해도 됩니다."

"어차피 나중에 화장할 거라 미리 하는 것입니다."

반대

"학생이 화장하면 거부감이 듭니다."

"학생다워 보이지 않습니다."

"화장하면 피부가 안 좋아집니다."

"학생에게 너무 자유를 주면 절제하기 어렵고, 화장하면 할수록 얼굴이 상해서 점점 더 화장하게 되니 결국 중독이 될 수도 있습니다."

서로 의견을 나눈 후 반론하는 시간을 가졌다. 반론은 처음에 정한 대로 반대 측부터 시작했다. 그런데 학생들이 생각보다 반론하는 것을 어려워해 중간에 방법을 간단히 설명해 주었다. 상대방이 말한 의견이 옳지 않다는 증거나 상대방의 의견을 다른 관점으로 볼 수 있도록 다른 의견을 제시하면 된다고 알려주었다.

먼저 한 남학생이 "못생겼다고 꼭 왕따를 당하지 않고 생각보다 외모 때문에 스트레스를 받는 학생이 적으므로 학교에서 화장을 허용하는 것은 옳지 않습니다."라고 말하였다. 이에 대해 반대 측에서는 "외모 때문에 스트레스를 받는 학생이 많고 못생겨서 왕따를 당하는 학생도 있었습니다."라고 말하였다. 또 다른 반론이 나오지 않아 찬성 측이 반론을 하게 하였다.

찬성 측의 한 여학생이 먼저 "반대 측에서 말한 '학생답다'라는 기준이 명확하지 않고 예전과 달리 요즘에는 대부분 화장품이 많이 좋아져 피부가 잘 상하지 않습니다."라고 말하였다. 이에 대해 반대 측에 항변할 기회를 주었으나 별다른 항변이 없었다. 그 후 찬성 측에 더 반론할 시간을 주었으나 찬성 측도 더 이상 반론을 하지 않았다.

생각보다 반론이 잘 이루어지지 않아 반론이 어려운 이유를 묻자 학생들은 반론할 증거나 자료가 없어서 할 말이 별로 없기 때문이라고 답했다. 그래서 토론을 잠시 중단하고 컴퓨터실과 도서실에 가서 반박할 증거와 자료를 각자 찾아본 다음 토론을 이어가기로 하였다.

토론에 사용할 증거와 자료를 조사하니 토론이 더 재미있어요

학생들은 컴퓨터실에서 각자 블로그 글과 유튜브 영상 등 다양한 자료를 보면서 근거 자료를 찾았고 그것을 미리 나누어 준 학습지에 적으면서 반론 시간을 준비하였다. 또한 도서관에 있는 여러 책들 중에 자신의 주장을 뒷받침할 수 있는 책을 찾아 근거 자료를 학습지에 적어 논쟁 토론을 준비하였다. 40분간 자료 조사를 마치고 교실로 돌아온 학생들은 근거 자료를 찾아서인지 전보다 자신감이 넘쳐 보였고 토론을 빨리 시작하고 싶어 하였다.

다시 찬성 측과 반대 측으로 학생들 자리를 나누었는데 전과 다르게 찬성이 10명, 반대가 12명으로 반대 측 학생들이 늘어났다. 근거 자료를 준비하는 과정에서 찬성이 불리하다고 판단했거나 막연히 학생 인권의 존중을 이유로 찬성 입장이었던 학생들 몇몇이 마음을 바꾼 것 같았다.

　　찬성 측은 주장에 대한 근거자료로, 화장하면 외모에 자신감이 생기고 자존감이 올라가며 화장은 개인의 자유이지 금지할 이유가 없다는 점, 요즘 사회는 화장을 허용하는 시대이고 시기적으로 외모에 관심을 갖는 때인 만큼 당연히 허용해야 한다는 것과 화장이 미세먼지 등으로부터 피부를 보호해 준다는 점 등을 말하였다. 반대 측은 어린 나이에 화장을 시작하여 잘못된 화장법으로 피부가 망가지며 안 좋은 성분 때문에 피부뿐만 아니라 몸도 해칠 수 있다는 점, 외모지상주의 가치관을 조장하고 학생답지 않다는 점 등을 근거로 반대 의견을 제시하였다.

　　이것을 가지고 팽팽한 반론을 제시하였는데 반대 측에서 먼저 "화장은 자존감을 올리는 것이 아니라 오히려 떨어뜨린다."라고 말하였다. 화장은 자신의 본래 얼굴을 숨기는 것이고 그로 인해 자신의 얼굴을 속이게 되므로 처음에 화장한 얼굴을 보고 좋아했던 사람이 나중에 화장을 지운 모습을 보고 실망할 수도 있게 된다는 반론을 제기하였다. 이에 대해 찬성 측은 "화장한 얼굴을 보고 좋아한 사람은 진짜 사랑한 사람이 아니기 때문에 헤어져도 되고, 화장이 자신의 콤플렉스를 가려주고 얼굴에 대한 자신감을 올려주기 때문에 자존감이 올라갑니다."라고 말하였다.

　　반대 측의 또다른 반론으로는 "미세먼지로부터 피부를 보호한다고 하였는데 미세먼지는 코와 같은 호흡기에 영향을 미치는 물질이므로 피부와는 별 상관이 없고 어린 시기에 자주적인 생활을 하지 않는 학생들이 자칫 화장을 제대로 못 지우게 되면 오히려 피부가 더 상할 수 있다."라고 반박하였다. 이에 대해 찬성 측은 "미세먼지도 피부에

닿으면 안 좋고 화장을 한 상태에서 더 잘 씻겨내려 갈 수 있으며 요즘에 화장을 지우는 다양한 영상과 좋은 클렌저가 있기 때문에 제대로 화장을 지우지 못한다는 것은 말이 되지 않는다."라고 재반박하였다.

또 다른 반대 측 반박으로는 "학생 시기에는 자유보다는 절제를 더 배워야 한다."라는 의견이 있었으며 이에 대해 찬성측은 "민주주의 사회에서 자유는 매우 중요한 핵심 가치이며 어린 나이부터 배워야 하고 이를 통해 다양한 진로 탐색과 자신의 적성을 알아갈 수 있도록 개인의 자유가 보장되어야 한다고 생각합니다."라는 재반박을 하였다.

찬성 측에서는 "학생답지 못하다는 의견은 모호하기 때문에 근거로서 적절하지 않다." "어린 나이에 화장하더라도 집에 계신 부모님이 올바른 화장법과 지우는 방법을 알려주시므로 피부가 나빠지지 않는다." "화장이 외모지상주의를 조장한다는 것은 말이 안 된다."라고 반박하였다. 이에 대해 반대 측은 "회사생활로 바쁜 부모님은 화장법과 지우는 법을 알려주지 못할 수도 있다."라는 것 외에 특별히 반박하지 못하였다.

5 최종 입장 정하기 : 유연한 사고 기르기

반론의 시간이 지나고 몇몇 학생들이 다시 입장을 바꿀 수 있냐고 물어보았다. 그리하여 지금까지의 내용을 정리하고 최종적으로 자신의 입장을 정하는 시간을 가졌다. 그 결과 찬성 11명, 반대 11명으로 논제에 대해 동일한 수의 학생이 찬성과 반대의 생각을 가지게 되었다. 맨 처음에는 찬성 14명, 반대 8명이었으나, 자료 조사를 하고난 직후에는 찬성 10명, 반대 12명으로 바뀌었고, 토론을 마친 후 찬성 측

여학생 2명이 반대로 돌아서고 반대 측 남학생 3명이 찬성으로 돌아서 최종 결과 찬성 11명, 반대 11명이 된 것이다.

판정자 없이 진행한 토론이므로 누가 이기고 지고를 논하지 않았다. 다만 서로의 관점에서 다시 한번 생각해 보게 한 다음 토론에 대해 느낀 점을 나눠 보는 시간을 가졌다. 다음은 학생들의 소감이다.

"다들 의견이 다르다는 것을 느꼈고 우리 학교 전체가 토론하면 어떨지 궁금했어요."
"토론하면서 다른 친구들의 생각을 들어 보니 화장에 대한 생각이 바뀌었고, 서로 자료를 찾아서 반론하니 모르는 것도 알게 되었습니다. 또 생각보다 학교에서 금지를 많이 하는 것 같아서 조금 속상하였습니다."
"실제 상황 같아서 재미있었고 기회가 되면 한 번 더 해보고 싶습니다."

저마다의 소감을 발표하는 학생들의 모습을 보니 단순히 자기 생각만을 고집하는 어린아이가 아니라 다른 친구들의 생각을 들어 보고 자신의 생각을 점검해서 생각을 수정할 줄 아는 유연한 사고를 하고 있다는 것을 알게 되었다.

6 실천 의지 다지기 : 학급과 학교의 조례 제안

비록 학교에서 화장을 허용해도 되는가에 대한 생각은 찬성과 반대로 동일하게 나뉘었지만, 최근에 사회 2단원 '우리나라의 정치발전'에서 배웠듯이 성숙한 민주적 의사 결정 원리에 따라 소수의 의견도 존중하고 서로 타협하는 모습이 중요하다는 것을 알기 때문에 서로 한

발 물러서 화장에 대해 학급 내에서 허용되는 조례를 만들어 보자고 제안하였다. 그래서 부모님과 상의하여 각자 생각하는 허용 범위를 학급 게시판인 클래스팅에 올려 보라고 숙제를 내주었다.

학생들은 저마다 부모님과 상의하여 자신의 허용 범위를 클래스팅에 올렸다. 학생들이 올린 허용 범위를 살펴보니 대부분 무분별한 화장을 원하는 것은 아니었으며, 짙은 화장보다는 선크림, 립밤, 틴트 정도의 옅은 화장을 원했다.

이를 바탕으로 수업시간에 모둠별로 서로의 의견을 나누고 정리하여 학급 전체의 조례를 만들어 보았다. 모둠별 토의 내용을 발표한 후 구체적인 조례를 작성하였는데 먼저 립밤, 틴트, 선크림은 모든 학생이 허용에 찬성하고, 립스틱, 비비크림, 볼에 하는 색조 화장은 반대 의견이 많아 허용하지 않기로 하였다. 이렇게 정한 조례를 바탕으로 학급회장이 다음 전교학생회 회의에 안건을 올려 학교 전체의 조례를 만들어 보자고 제안하였다. 학생들은 자기 생각이 조례에 반영될 수 있다는 사실에 고무되어 더 적극적으로 의견을 내며 참여하는 모습을 보여주었다. 다음은 조례를 만들면서 학생들이 느낀 점이다.

"화장하고 싶어 하는 아이들이 많다는 것을 알 수 있었어요."
"우리의 의견이 반영되면 좋겠어요."
"우리가 조례를 직접 만들어 보니 불만도 없고 마음이 훨씬 편했어요."
"우리가 만든 게 실제 조례가 되면 뿌듯할 것 같아요."
"조례를 만드는 게 별거 아니라고 생각했는데 직접 만들어 보니 생각보다 힘들어요."

조례를 만든 후 각 측면의 학생들이 다른 반 친구들에게 자신들의 생각을 알리고 싶다고 하여, 각자가 생각하는 주장에 따라 미술시간에 홍보 포스터를 만들어 캠페인 활동도 해보았다.

6학년 4반의 화장과 관련된 조례
1. 틴트 사용을 허용합니다.
2. 선크림·로션 등을 허용합니다.
3. 눈에 하는 화장, 색조를 허용하지 않습니다.
4. 볼에 관한 화장을 허용합니다.

이상으로 마치겠습니다.

6학년 4반의 화장에 관한 조례
1. 틴트 허용합니다.(모든 색)
2. 립스틱 허용하지 않습니다.
3. 볼에 하는 색조화장 허용하지 않습니다.
4. 자외선 차단제(선크림, 선스틱 등) 허용합니다.
5. 눈에 하는 색조화장 (단! 연하게 티 안나게) 허용합니다.
6. 얼굴에 바르는 자외선 차단제 빼고는 비비크림이나 파운데이션, 컨실러는 허용하지 않습니다.

화장에 관한 조례였습니다.

 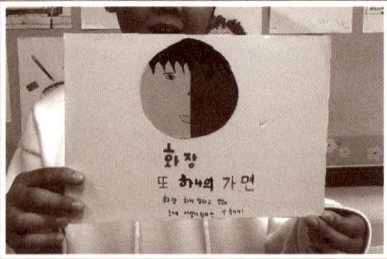

학생들이 직접 만든 개인 조례(왼쪽)와 학급 조례 및 홍보물

보이텔스바흐 원칙에 따른 논쟁 수업 흐름도

과정	내용
❶ 상황 던지기	▶ 학교에서 화장하는 것을 허용해야 하는가? • 교사가 논쟁 배경 안내 • 학생이 배경지식 스스로 찾기
❷ 쟁점 찾기	▶ 찬성: 학교에서 화장하는 것을 허용해야 한다. ▶ 반대: 학교에서 화장하는 것을 허용하지 말아야 한다. • 다양한 관점 찾기 • 관점 내용 정리하기
❸ 입장 드러내기	▶ 찬성 vs. 반대 정하기 • 나의 관점 정하기(허니컴보드 활용) • 입장과 근거 정리하기
❹ 논쟁하기	• 찬성 측과 반대 측으로 모둠 나누기 • 논의 제시 순서: 찬성 측-반대 측 • 자료를 수집하여 다시 논쟁 토론하기 • 자신의 이해관계에 어떤 영향을 줄 수 있는지 정리하기
❺ 최종 입장 정하기	• 1차에서 정한 입장을 바꿀 수 있는 기회 부여하기
❻ 실천 의지 다지기	▶ 화장에 관련된 나의 조례 만들기(SNS) • 학급 홈페이지에 나의 조례안 올리기 ▶ 화장에 관련된 학급 조례 만들기 • 각 모둠별 토의 및 모둠 조례 만들기 • 학급 전체 토의 및 학급 조례 만들기 • 전교어린이회의에 안건 상정하기 ▶ 캠페인 활동하기 • 개인별, 모둠별 피켓 만들기 • 개인별, 모둠별, 학급 전체 캠페인 활동하기

※ 관련 교과: 초등 6학년 국어 4단원 '주장과 근거를 판단해요.'
　　　　　　　사회 2단원 '우리나라의 정치발전'
　　　　　　　도덕 1단원 '내 삶의 주인은 바로 나'

 **수업 후기** 다름이 틀림이 되지 않는 세상을 꿈꾸며

　최근 사회가 다원주의화되면서 하나의 생각 또는 의견에 수렴하여 의사가 결정되기보다 각자의 상황에 따른 개인의 생각이 존중받는 사회로 변해가고 있다. 이는 학교도 다르지 않다. 학교 운영에 많은 결정권을 가진 교장, 교감선생님들도 학부모, 학생, 교사들의 생각을 수렴하려고 하며 소수의 생각이라도 타당성이 있으면 그 의견을 존중해 다양한 방면으로 지원해 주려고 노력한다. 이런 상황 속에서 새로운 교실수업의 형태를 찾다가 발견한 보이텔스바흐 수업은 나에게 신선한 자극이 되었다.

　우리는 학교를 사회의 축소판, 작은 사회라고 부르고 있지만, 학생들이 체감하는 학교의 이미지는 학습수용소 또는 소꿉장난을 하는 좁은 공간일 때가 많다. 학교 현장의 수업이 여전히 변화의 흐름을 반영하지 못한 채 전통과 관습이라는 이유로 시대에 뒤떨어진 생각과 가치관을 전수하는 기관에 머물러 있기 때문이다. 이에 학생들이 실제로 고민하고 관심 있는 주제에서 논쟁거리를 선정하여 각자의 입장에서 논쟁 토론을 하는 보이텔스바흐 수업을 대안으로 진행하였다.

　처음에는 학생들이 자기 생각을 자유롭게 얘기할 수 있을까 걱정하는 마음도 있었지만, 이는 교사인 나의 착각이었다. 지금 초등학교 6학년 학생들은 관심 있는 주제에 대해서 이야기 나눌 때 각자 살아온 경험과 가치관에 따라 적극적으로 생각과 의견을 표출하고 그에 관해 진지하게 서로의 생각을 비판하는 능력을 갖추고 있었다. 또한 스스로 다른 친구들과 말하기에 부족하다고 느끼면 필요한 자료를 인터넷으로 검색할 뿐만 아니라 페이스북, 유튜브 같은 SNS를 통해 정보를 수집하고 다른 사람과 공유하며 의견을 나누는 등 적극적으로 활동했다.

학생들은 토론이 끝난 후 도출된 생각이 현실에 반영되도록 직접 대안을 마련하고 학교에 건의함으로써 학교의 주인이라는 정체성을 스스로 확인해 나갔다. 학교에서의 수업이 아직 오지 않은 미래를 위한 연습이 아니라 지금 나의 현실에 직접적인 영향을 주는 중요한 자리로 인식되는 경험의 시간도 되었다.

그간 의견을 존중받을 기회가 별로 없었던 학생들이 각자의 생각을 적극적으로 표현하고 다른 친구들과 공유하고 타협하면서 학교 운영 등 실천적인 결과를 만들어내는 일련의 과정은 유명무실했던 학생자치와 민주시민교육 차원에서도 현실적인 수업의 대안이 될 수 있다고 생각한다. 보이텔스바흐 수업처럼 학생 개개인의 생각이 존중되고 반영되는 수업이 이루어진다면 학생들의 소극적인 태도와 지루한 표정도 사라지게 될 것이다.

3장

교실, 열띤 논쟁의 장이 되다

보이텔스바흐 원칙을 적용한 중등 수업 사례

수업 사례 1 　중등 체육

체육 시간에 논쟁하기

최윤아(인천동양중학교 교사)

'보이텔스바흐 수업을 사회 교과에 한정하지 않고 범 교과에 적용할 수는 없을까?'라는 고민에서 이 수업은 시작되었다. 사회에서 일어나는 문제의 영역은 끝없이 다양하며 논쟁이 벌어지는 상황은 복합적으로 맞물려 있다. 이는 보이텔스바흐 수업이 여러 교과에서 접근할 필요가 있다는 점을 시사한다. 또한 보이텔스바흐 수업을 학교 교육과정에서 자연스럽게 구현하려면 여러 교과에서의 접근이 필수다. 논쟁은 꼭 사회나 국어과목에서만 할 수 있는 것일까? 음악, 미술, 체육에서는 논쟁이 벌어질 수 없을까? 논쟁과 토론이 일부 과목의 고유 영역이라는 생각을 바꾸자. 체육에서도 보이텔스바흐 수업은 구현될 수 있다.

학생들이 논쟁에 깊이 몰입하지 못하는 이유

논쟁은 양측의 견해가 다를 때 일어난다. 그런데 각자 견해를 가지려면 사안에 대해 충분히 정보를 습득할 수 있는 시간이 있어야 한다. 학생들의 배경지식이 많지 않을 경우 자신의 생각을 정교화하기 어렵고 논쟁이 충분히 이루어지지 않을 수 있기 때문이다. 한 사례로 안락사에 관해 학생들이 토론하는 장면을 살펴보자.

찬성 측 안락사는 극심한 고통을 겪는 환자를 위해 필요합니다. 더욱이 소생 가능성이 없다면 환자의 생명 유지에 막대한 비용과 함께 부담을 주게 됩니다.
반대 측 아무리 삶이 고통스럽다 하더라도 생명을 버리는 것은 바람직하지 않습니다. 이유를 막론하고 인간의 생명은 소중합니다. 돈 때문에 가족의 생명을 포기하다니요? 비용 때문에 삶을 포기하는 것도 옳지 않은 일입니다.
사회자 다른 의견 없나요?
반대 측 인간의 생명은 존엄하기 때문에 안락사를 반대합니다.

학생들의 논쟁을 들어 보면 같은 말을 단어만 조금 바꾸어 반복하고 있다. 이렇듯 배경지식의 한계로 학생들이 논쟁에 깊이 있게 몰입하지 못할 때가 종종 있다. 따라서 기본적인 배경지식을 안내함은 물론이요, 배경지식을 찾는 구체적인 방법을 전하는 데 시간을 할애할 필요가 있다. 배경지식이 풍부할수록 다양한 쟁점을 제시할 수 있고, 학생들의 논쟁 참여도도 높아진다. 교사는 학생들이 배경지식을 스스로 찾고 정리할 수 있도록 도와주어야 한다.

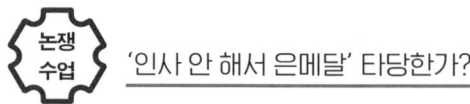
'인사 안 해서 은메달' 타당한가?

교사가 논쟁이 일어나게 된 배경 상황을 안내할 때 놓쳐서는 안 될 부분은 바로 객관적인 사실을 전달해야 한다는 것이다. 우리는 대체로 이슈가 되는 현안을 뉴스나 기사를 통해 접하게 된다. 하지만 보도 기사에도 개인의 주관적 관점이 들어갈 수 있다는 점을 주의해야 한다.

1 상황 던지기 : 충분한 배경 지식을 갖출 수 있도록 안내

아시안게임의 관심과 열기가 한창이던 때, 체조 선수 김한솔의 심판 결과에 대한 이야기가 학생들 사이에서 큰 화제가 되었다. 이에 '스포츠 규칙'에 관한 논쟁을 위해 배경 자료로 2018년 8월 아시안게임 체조 선수 김한솔의 사례를 검색했다. 김한솔 선수 관련 인기 검색어가 '인사 안 해서 은메달'이 되었을 만큼 당시 상황은 많은 사람의 관심을 모았다. 기사의 표제는 김한솔 측의 입장에서 쓴 것이 주를 이루었다.

"김한솔, 완벽 도마 연기 선보이고 인사 안 해서 은메달"
"심판한테 인사 안 해서… 김한솔, 황당한 은메달 이유"
"김한솔 아쉬운 은메달… 심판한테 인사 안 해서"

김한솔 선수 대신 금메달을 목에 건 섹 와이 홍 선수는 중국인이며 당시 심판도 중국인이었다. 이는 우연의 일치였을까? 스포츠 경기에서 마지막 인사를 안 했다고 감점을 받는 것도 황당하다는 의견과 이에 대해 항의했을 경우 차후 보복성 판정이 우려된다는 의견까지 기사는 대한민국 국민이라면 보고 안타까움을 넘어서 분노를 일으키지 않을 수 없게 쓰여 있었다. 그래서인지 기사의 표제도 김한솔 선수에게 우호적인 방향 일색이었다.

　기사에서 기자 개인의 생각을 배제하고 객관적인 사실만을 추출하는 작업을 거쳐 다음 글을 학생들에게 제공했다.

24일 인도네시아 자카르타 지엑스포에서 열린 남자 뜀틀 결선. 김한솔은 1차 시기(14.875점: 기술점수 5.6점, 수행점수 9.275점)부터 완벽한 착지로 금메달을 예고했고 2차 시기에서는 점프 난도를 더 낮춰 기술점수 5.2점에 더 높은 수행점수 9.325점을 받았다. 김한솔은 감점 0.3점을 받았다. 그때까지도 김한솔은 14.550점(1, 2차 평균)으로 금메달이 예상되었다. 분위기는 마지막 주자로 나선 홍콩의 섹 와이 홍(27)의 점수가 나오자 반전됐다. 섹은 1, 2차 시기에서 모두 난도 5.600의 점프를 시도해 평균 14.612점을 받아 김한솔을 0.062점 차로 제쳤다.

　제시글을 함께 읽은 다음 학생들이 떠오르는 생각들을 자유롭게 이야기할 수 있도록 개방형 질문을 했다. 생각을 간단하게 정리할 수 있는 활동지도 함께 제공했다.

　학생들의 자유 발언을 들은 후, 논쟁이 될 수 있는 사안을 정리하여 간략하게 설명했다.

"경기 후 심판에게 인사를 하지 않아 김한솔은 0.3점을 감점받았습니

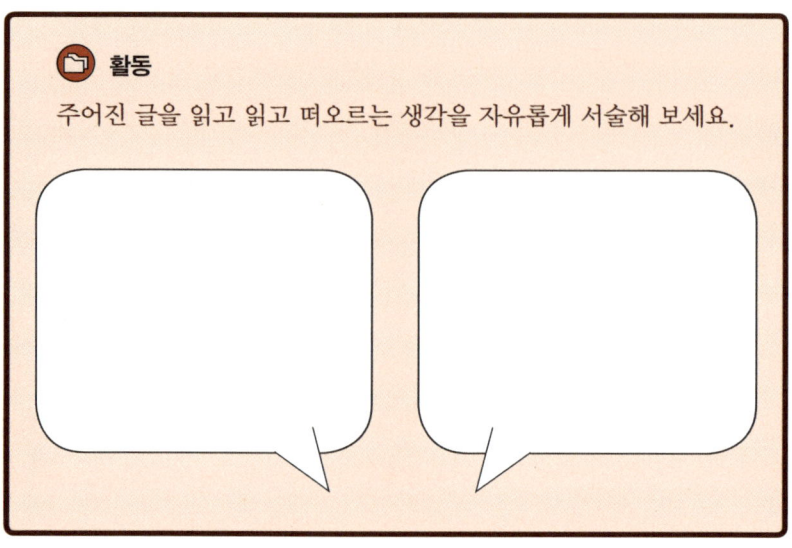

다. 이와 관련하여 의견이 분분합니다. '심판 규정을 지키지 않았기 때문에 감점은 마땅하다.'라는 의견과 '감점의 점수가 지나치게 높다.'라는 의견이 있습니다. 왜 이런 논쟁이 벌어지는 것일까요? 함께 고민해 봅시다."

교사가 논쟁의 배경을 안내하였다면, 이제 이 사안과 관련하여 학생 스스로 관련 지식을 찾게 해야 한다. 이를 위해 학생들의 지적 호기심을 자극하는 질문이 필요했다.

"인사하는 규정은 누가 만든 것일까요?"
"이 경기에서 인사는 중요한 것일까요?"
"김한솔 선수가 인사를 하지 못한 어떤 이유가 있었을까요?"

학생들은 기계체조의 구체적인 규칙과 당시 경기 상황에 대해 더 알고 싶어 했다.

보이텔스바흐 논쟁 수업의 '상황 던지기'에서 간과하지 말아야 할 부분은 학생들에게 객관적인 배경 지식이 제공되어야 한다는 것이다. 교사들이 주로 정보를 얻는 곳은 책이나 신문 기사일 것이다. 책과 기사에 담긴 개인적인 생각을 가급적 배제하고 객관적인 사실을 추출하여 학생들에게 안내하는 부분에서 교사의 도움이 필요하다.

❷ 쟁점 찾기 : 양측의 견해를 분명하게 인지하기

보이텔스바흐 수업의 핵심은 '쟁점'이다. 쟁점에 대해 대립이 첨예할수록 논쟁은 더욱 활발하게 이루어진다. 첨예한 대립은 양측의 견해가 분명히 다를 때 일어난다. 견해의 차이가 어떻게 다른지 구체적으로 탐색하게 하고, 찬성 측의 근거와 반대 측의 근거를 함께 살펴보는 것이 필요하다. 이때 교사의 생각을 주입하거나 교화하지 않도록 주의한다.

김한솔 선수의 점수를 감점하는 것에 찬성하는 학생들과 반대하는 학생들이 다양한 관점에서 자유롭게 발언했다. 양측의 의견 차이는 다음과 같았다.

찬성
"인사도 규칙의 일부인데 선수가 미리 인지하지 못한 것은 문제이다."
"규칙은 반드시 지켜야 한다."

반대

"인사가 기술과 무관한데 벌점치고는 너무 과한 점수이다."
"적절하지 않은 규칙을 따르기만 해야 하는가? 바꿀 수 있는 것이 아닌가?"

논쟁이 일어나게 만든 근본적인 쟁점은 규칙의 준수와 규칙의 개정에 대한 부분이었다. 부적절한 규칙이라도 꼭 지켜야 한다는 것과 고쳐져야 할 규칙은 수정되어야 한다는 것이었다. 관점의 내용을 정리하고 쟁점을 구체적으로 적어서 학생들이 명확하게 인지할 수 있도록 했다.

3 입장 드러내기 : 이해관계를 고려해 입장 정하기

학생들이 자신의 이해관계를 고려하여 스스로 입장을 결정하는 단계이다. 학생들은 입장을 표명하고 이에 관한 근거를 보완하게 된다. 이때 교사의 개입이 일어나서는 안 된다.

먼저 규칙 준수와 규칙 개정에 대해 학생들이 자신의 삶에 어떤 이해관계가 있을지 생각해 보게 했다. 학생들은 규칙이 지켜지지 않는다면 큰 혼란이 일어날 것이라고 답했다. 많은 사람이 함께 살아가는 사회이므로 규칙은 반드시 지켜져야 한다는 것이다. 한 학생은 급식 순서를 예로 들어 주장을 펴기도 했다.

"우리 학교에서 3학년 선배들이 먼저 밥을 먹는 것도 처음에는 이상했습니다. 어리다고 늦게 먹는 것이 부당하다고 생각하기도 했고요. 하지만 급식 순서를 정할 때 학년이나 반 순서를 바꾸면 정말 정신이 없을 것 같습니다. 정신없는 틈을 타서 규칙을 위반하는 친구들도 많아질 것 같아요. 혼란을 막고 안정적으로 지내기 위해서는 한 번 정해진 규칙은 지켜져야 합니다. 저는 혼란스럽고 정신없는 사회를 원하지 않습니다."

규칙 개정을 자신의 삶과 연관 지어 생각해 보게 하자 수업에서 배운 배경지식을 활용하여 개정에 찬성하는 주장을 펼치는 학생도 있었다.

"규칙은 당시 현실과 관습 등에 의해 당시 사람들이 함께 논의해서 만드는 것입니다. 그런데 사회는 늘 같지 않습니다. 시간이 변하면 사회의 모습도 달라지기 마련입니다. 신경림 시인의 가난한 사랑 노래를 배우면서 알게 되었는데 70년대에는 국가가 국민의 두발 길이와 치마 길이를 제한했습니다. 지금 생각해 보면 정말 황당한 일입니다. 몇 년 전에는 학교에서 학생들의 두발 길이를 제한했지만 지금은 두발 제한이 사라졌습니다. 부적절한 규칙과 법이라면 바꿔야지 혼란스럽다고 무작정 참으라는 것은 훗날 더 큰 혼란을 일으킬 것입니다. 급식 먹는 순서를 말씀하셨는데 만약 1학년을 다니고 전학을 가는 친구가 있다면 얼마나 억울하겠습니까? 규칙을 만들 때 학생들의 의견이 정말 충분히 반영되었다고 생각하십니까? 저는 우리 학교에 마음에 안 드는 규정들이 있다면 학생들의 의견을 충분히 수렴하여 고칠 것은 고쳐야 한다고 생각합니다. 잘못된 것이 있는데 그냥 무조건 참아야만 합니까?"

학생들이 자신의 삶과 연관 지어 이해관계를 생각하게 되자 논쟁의 몰입도가 훨씬 높아지는 것을 확인할 수 있었다. 김 선수의 감점에 찬성한다면 정해진 규칙은 꼭 지켜야 한다는 입장, 감점에 반대한다면 고쳐야 할 규칙은 수정해야 한다는 입장으로 쟁점이 나눠진다는 내용을 설명하고 각자 입장을 신중히 정하게 했다. 그리고 도서관과 컴퓨터실 등에서 근거를 충분히 찾아보고 보완하는 시간을 가졌다.

4 논쟁하기 : 근거를 보완해 주장하고 반박하기

심판에게 인사하지 않았다는 이유로 감점받는 것에 찬성하는 학생들은 규칙은 지켜져야 한다는 관점에서 논쟁을 했다. 감점이 부당하다는 관점의 기사와 다른 관점을 가진 기사를 찾아내어 근거로 활용했다. '인사'는 우리가 생각하는 예의 차원을 넘어서 연기의 끝을 알리는 표시이며 이 또한 기술 표현의 일부라는 것이다. '인사'라는 단어가 단순히 마주 대하는 예의라고 인식하게끔 기사를 작성한 기자가 문제라는 의견도 나왔다. "인사"라는 단어 말고 다른 단어가 쓰였다면 국민의 반감이 줄어들었을 것이라고 분석했다. 감정에 호소하는 오류를 범했기 때문에 이런 논쟁이 발생했음을 견지하면서 김한솔 선수가 감점을 받아야 한다고 했다.

감점이 부적절하다는 학생들의 반대 의견도 팽팽했다. 인사가 기술이라고 보더라도 감점 점수가 너무 많다는 것이었다. 착지할 때 흔들려서 받게 되는 감점 점수와 인사를 안 해서 받은 감점 점수가 동일한 것은 말이 안 된다는 주장이었다. 감점 항목이 잘못되었으므로 잘못된 것은 이번 기회에 바꿔야 한다고 했다. 1970년대 있었던 통금제도, 두발 제한, 미니스커트 단속을 사례로 들면서 잘못된 것에 대한 비판적 인식은 소홀히 한 채 무조건 규칙을 지키라고 주장한다면 사회의 발전을 기대할 수 없다고 했다.

이에 대해 찬성 측은 중요한 본질은 이번 경기의 감점 여부라면서, 규칙을 당장에 바꿀 수 없는데 규칙을 지키지 않았을 경우 오는 혼란에 대해 이야기했다. 사회를 유지하기 위해서는 안정이 중요한데 혼란으로 인해 발전은커녕 유지도 힘들겠다는 의견도 나왔다.

학생들의 논쟁은 첨예하게 대립했다. 논쟁의 예의를 지키지 않는 학생에게만 주의를 주고 다른 개입은 하지 않았다. 자유롭게 발언하도록 하되 발언의 편중을 막기 위해 토킹 스틱을 활용했다. 토킹 스틱은 한 사람당 한 개를 부여하고, 최대 2번의 발언 기회를 주었다.

5 최종 입장 정하기 : 서로 다른 생각의 허용

논쟁 후 자신의 입장을 다시 생각해 보고 입장을 바꿀 수 있도록 한다. 앞서 각자의 이해관계를 생각해 보게 했듯이 자기가 속한 가정, 학교, 사회 등에서 시행되고 있는 규칙에 대해서도 생각해 보도록 한 후, 입장을 다시 정하게 했다.

"나는 규칙을 잘 준수하고 있는가?"
"우리가 따르고 있는 규칙은 문제가 없는가?"
"규칙이라는 것이 우리 사회에 어떤 역할을 하는가?"
"규칙은 누가, 어떻게 만드는 것인가?"

1차에서 정한 입장을 바꾼 학생들이 있었다. 찬성에서 반대로 2

명, 반대에서 찬성으로 3명이 입장을 바꾸었다. 바꾼 이유는 다음과 같았다.

"규칙을 바꿀 수 있다고 생각해 본 적이 없었는데, 논쟁을 통해 부적절한 규칙은 수정될 필요가 있다는 생각이 들었어요." (찬성 측에서 반대 측으로 바꾼 학생)

"인사라는 표현을 제가 제대로 이해하지 못한 것 같아요. 신문 기사에도 기자의 주관적인 생각이 들어가 있다는 것을 이번 논쟁을 통해 깨닫게 되었네요. 마무리 표현을 하지 않아 심판이 심사에 혼란이 있었다면 감점을 받는 것이 맞고 감점의 점수가 부적절하다고 할지라도 바꾸기 전까지는 현재의 규칙을 준수하는 것이 맞다고 생각합니다." (반대 측에서 찬성 측으로 바꾼 학생)

6 실천 의지 다지기 : 정치적 행위 능력 강화

실천 의지 다지기는 정치적 행위 능력을 강화하는 것이다. 학생 자신의 정치적 상황과 이해관계를 고려해서 실천 능력을 기르는 단계이다.

'규칙은 반드시 준수되어야 한다'는 찬성 측은 규칙을 어기지 않고 더 잘 지킬 방안을 만들겠다고 했다. 규칙을 지켜야 하는 이유와 규칙 준수의 중요성 등을 안내하겠다고 했다. 반대 측은 문제가 있는 규칙을 찾아본 후, 규칙을 바꾸기 위한 절차와 방법을 찾아보겠다고 했다. 먼저 찬성 측이 고안한 학급 및 학교 규칙 준수율 높이기 방안은 다음과 같았다.

1. 규칙을 제정할 때 자신의 의견을 적극적으로 제시하기
2. 만들어진 규칙은 공동의 서약식을 통해 실천 의지 다지기

찬성 측의 한 학생이 회의 참여자가 의견을 적극적으로 내지 않아 회의가 잘 진행되지 않는 점을 상기했다.

"규칙을 만들 때 의견을 내지도 않고 관심이 없으니 지키고 싶은 마음도 안 생기는 것 같습니다. 법도 마찬가지 아닐까요? 법이 만들어질 때 나랑은 상관없다고 생각하고 관심을 가지지 않다가 법이 만들어졌는데 마음에 들지 않으면 뒤늦게 불만을 제기하잖아요. 관심과 참여가 중요한 것 같습니다. 회의할 때 자신의 의견을 적극적으로 내주기 바랍니다."

학생들은 만들어진 규칙을 더 잘 지키기 위해 공동 서약식을 생각해 냈다.

"학폭예방교육이나 입학식 할 때 선서 같은 거 하잖아요. 아무 생각 없이 했었는데 식이 생각보다 중요한 거 같아요. 서약식 같은 과정을 통해서 함께 약속하고 많은 사람과 공유할 수 있으니까요."

반대 측은 먼저 문제가 있다고 생각하는 교내 규칙으로 정수기 사용 제한을 꼽고 개선 방안과 절차 등을 의논하여 정리해갔다.

문제점 학교 정수기 이용 시 자기 교실이 있는 층의 정수기를 사용하고 다른 학년의 정수기를 사용하지 말라는 규칙은 학생의 동의를 구해서 정해진 것이 아니며 현재 3층 정수기가 고장 나서 물을 마시려면 1층 급식실까지 가야 한다는 문제가 있음.
개선 방안 층 구별 말고 정수기를 사용할 수 있도록 서명을 받아 학년 부장 선생님께 전달하고, 고장 난 정수기를 조속히 고쳐달라고 건의하겠음.
규칙을 바꾸기 위한 절차 학급회의 안건 제출 ⇨ 학생회 안건 제출 ⇨ 학년부장 선생님, 학생부, 교감선생님 전달 ⇨ 해결방안 모색 및 실천

학생들은 점심시간과 아침 등교시간에 직접 서명을 받기 시작했다. 생각보다 서명 받는 일이 쉽지는 않아 보였다. 같은 학년 학생들은 서명을 해주었지만 다른 학년 친구들이 동의를 잘 해주지 않았다고 한다. 고학년이 저학년 정수기를 이용하면 저학년 입장에서는 정수기 사용이 불편할 수 있기 때문이었다. 결국 전교생 약 450명 중 약 100명의 서명을 받는 데 그쳤다. 이 과정을 통해서도 아이들은 배움이 있었다.

"저와 같은 생각을 하는 친구들이 많을 거라고 생각했는데 그렇지 않다는 점이 서운하기도 하고 너무 제 입장에서만 바라보았나 하는 생각도 들었어요."
"서명 받는 것이 이렇게 힘든 줄은 몰랐어요. 규칙을 바꾸는 것이 쉬운 일이 아니네요."

반대 측의 대표 학생이 서명 받은 것을 학년부장님께 전달했다. 부장회의 시간에 학년부장 선생님이 앞장서서 정수기를 고쳐달라고 발언한 것은 인상 깊은 일이었다. 학생들은 규칙을 바꿀 수는 없었지만 선생님들의 관심과 배려에 감동을 받았다.

공동 서약식

서명 받는 모습

보이텔스바흐 원칙에 따른 논쟁 수업 흐름도

과정	내용
❶ 상황 던지기	▶ 심판에게 인사를 안 한 선수가 받은 감점은 타당한가? • 교사가 논쟁 배경 안내 • 학생이 배경 지식 스스로 찾기
❷ 쟁점 찾기	▶ 찬성: 규칙은 반드시 지켜야 한다. ▶ 반대: 잘못된 규칙은 수정되어야 한다. • 다양한 관점 찾기 • 관점 내용 정리하기
❸ 입장 드러내기	▶ 찬성 vs. 반대 정하기 • 나의 이해관계 생각하기 • 입장과 근거 정리하기
❹ 논쟁하기	▶ 찬성 측과 반대 측으로 논쟁하기 • 논의 제시 순서: 찬성 측-반대 측 • 질문 또는 반박하기 순서: 반대 측-찬성 측 • 토킹 스틱 활용: 한 사람에게 최대 2번의 발언 기회를 부여하기 • 자신의 이해관계에 어떤 영향을 줄 수 있는지 정리하기
❺ 최종 입장 정하기	▶ 최종 입장 정하기 • 1차 입장과 바꿀 수 있는 기회 부여 • 자신의 이해관계에 맞는 입장 정하기
❻ 실천 의지 다지기	▶ 찬성: 규칙을 잘 지킬 수 있는 방안 만들기 → 학교 규칙 준수율 높이기 ▶ 반대: 우리학교 규칙의 문제점 찾기 → 규칙을 개정하기 위한 방안 찾기

수업 후기 | 공부와 삶이 분리되지 않는 교육

보이텔스바흐 수업은 '이것이 정답이다'라는 주입식의 교육과 '이렇게 해야 바른 것이다'라는 강압적인 교화에서 벗어나 현재의 문제를 수업 시간에 학생 스스로 치열하게 고민하게 하면서 공부가 자신의 삶, 그 자체가 될 수 있게 도와준다.

현안 문제는 때로는 정치적인 문제와 맞물리면서 학교 현장에서 다루기 곤란한 경우로 마주하게 될 때가 종종 있다. 때문에 교사들은 현안 문제에 대해 소극적으로 발언하게 되고, 문제를 바로 보려는 노력보다는 '교과서 같은 소리'로 정답을 주입시키려는 문제를 야기하기도 한다.

보이텔스바흐의 협약 내용은 수업을 현장감 있고 역동적으로 만들어 준다. 더 이상 학생들은 공부와 삶을 분리하지 않아도 된다. 삶의 문제에 진지하게 고민하고 애를 쓰며 문제를 극복하려는 실천 능력을 기르게 된다.

그간 우리는 공부를 하면 할수록 자기 삶의 주변인으로 머물게 만드는 교육을 하고 있지 않았나 싶다. 그러나 보이텔스바흐 수업을 통해 내가 만난 학생들이 자기 삶의 주인공으로 우뚝 서 있는 모습을 볼 수 있었다.

수업 사례 2 중등 교과 융합

난민 수용!
찬성 vs. 반대

최윤아(인천동양중학교 교사)

학생들은 사회의 한 구성원이지만 사회 문제에 별 관심이 없는 집단이기도 하다. 뉴스를 보는 학생들도 생각보다 적다.[3] 책에 적힌 것을 달달 외우고 문제를 푸느라 여념이 없는 교실에서 사회 문제를 고민하는 것은 시간 낭비로 여겨질 뿐이다. 그럴 시간에 문제를 하나 더 푸는 게 낫다고 생각한다.

이렇게 문제만 풀던 학생들이 고등학교를 졸업하고 만 19세가 넘는 순간, 온전히 스스로 자립할 수 있는 성인이 되었다고 자신할 수 있을까? 사회의 훌륭한 구성원으로 자리 잡을 수 있도록 도와주는 것이 학교 교육의 목적이지만 실제 교실 안에서 이루어지는 수업 내용 중 '현재 사회'는 먼 나라 이웃나라 이야기다.

[3] 한국언론진흥재단에서 2016년에 '청소년의 뉴스 이용 및 리터러시 조사'를 실시했는데, 조사 결과, 고등학생 10명 중 7명(65.6%)은 사회적인 이슈가 발생할 때 뉴스를 보는 것으로 나타났다. 뉴스를 전혀 보지 않는다는 학생도 8.6%나 됐다.

더구나 교과서에서 배우는 사회 현상은 오늘날의 일이 아니다. 과거의 일이다. 교과서가 만들어져 학교에 보급되기까지 시간이 걸리기 때문이다. 과거의 일을 다루기 때문에 현실감이 떨어지고 관심과 흥미가 떨어진다. 학생들은 자신의 일이 아니라고 치부한다.

학생들은 자기 삶의 문제를 스스로 해결할 수 있는 역량이 필요하다. 이제 교실에서 사람이 사는 '삶'을 더 많이 만나야 할 때이다. 최근에 발생한 이슈를 통해 학생들의 삶에서 오늘날 삶을 마주볼 수 있는 시간을 마련해주어야 한다.

본 수업은 보이텔스바흐 원칙을 통해 각 교과에서 교사와 학생이 자신의 삶과 연결된 오늘의 삶에 대해 자유롭게 발언하고 경청할 수 있게 되기를 기대하는 바람에서 출발했다.

 '난민 수용' 사회 이슈와 개인 삶의 연결

주제를 중심으로 여러 교과가 통합하는 교과 융합 수업은 학생들이 통합적인 사고를 하는 데 큰 도움이 된다. 세상만사가 분절적으로 나누어지지 않듯이 교과 간 벽을 허물고 핵심 요소를 다양한 각도에서 바라보는 수업을 통해 사고의 깊이가 깊어지길 바라는 마음에서 기술·가정 교과와 도덕, 국어 교과의 융합 수업을 기획했다.

수업의 큰 틀은 먼저 기술·가정 교과에서 변화하는 가정의 유형에 대해 파악하고, 도덕 교과에서 우리 삶의 논쟁 이슈에 대해 함께 고민한 다음, 각자의 견해와 주장을 반영한 건의문을 국어 교과에서 작성하는 방식으로 구성했다.

우리의 삶을 주제로!			
난민 수용! 찬성 vs 반대			
교과 융합 수업	기술·가정	변화하는 가정의 유형 파악	보이텔스바흐 원칙 적용
	도덕	다문화 사회의 갈등 이해	
	국어	각자의 견해와 주장을 반영한 건의문 작성	

❶ 상황 던지기 : 오늘날 삶의 이슈를 이해하기

기술·가정 교과는 변화하는 가족 유형에 대해 이해하고 사회의 다양한 모습과 현상에 대해 관심을 갖도록 안내하고 있다.

> **[기술·가정] 성취 기준**
> [9기가 01-04] 사회 변화에 따른 가족의 구조와 기능의 변화를 이해하고, 건강한 가정을 위한 가족 구성원의 역할을 탐색하여 실천한다.

교과서에서 제시한 가족 유형은 다음과 같다.

가족 구성원의 특징에 따라: 다문화가족, 입양가족, 재혼가족
가족 구조에 따라: 한부모가족, 조부모가족, 노인가족, 무자녀가족
새로운 형태에 따라: 자발적 비혼가족, 공동체 지향 가족
생활 양식에 따라: 맞벌이 가족, 분거 가족

학생들에게 책, 신문, 인터넷 등을 활용하여 각자 다양한 가족의 유형과 형태를 조사해 보는 시간을 주었다. 학생들은 교과서에서 제시된 가족 유형 외에 반려가족 등을 추가로 더 조사했다. 다음은 다양한

가족 유형 중 다문화가족에 관한 학습 활동이다.

교사 다문화가족의 발생 원인과 이들 가족이 겪는 어려움과 좋은 점 등에 대해 발표해 봅시다. ⇨ **사회 관심 확대**

학생 다문화가족이 발생하게 된 데는 외국인 노동자의 증가, 국제결혼, 난민 유입, 유학생 증가 등 다양한 이유가 있을 것 같습니다. 일단 한국어를 잘 못 하거나 한국 문화에 익숙하지 않은 사람들은 한국 생활이 쉽지 않을 것 같습니다. 난민들의 경우는 한국에서 일자리를 찾거나 정착하는 것이 더 어렵겠죠?

교사 제주도 예멘난민 사태는 알고 있나요? ⇨ **논쟁성 재현 원칙**
제주도 예멘난민 사태에 대해 간략하게 파악해 봅시다.
⇨ **객관적 정보 제공**

모둠별로 각기 다른 가족 유형을 조사하게 하였으며, 다문화가족 유형을 조사하는 모둠이 제주도 예멘난민을 조사하게 하였다.

교사 요즘 실감하는 게, 대한민국이 정말 전 세계와 연결되어 있다는 것입니다. 세상이 빠르게 변하기도 하고요. 앞으로 다양한 가족 유형이 더 많이 등장하게 되겠죠? 우리는 이런 변화에 유연하게 대처할 수 있는 역량을 길러야 합니다. ⇨ **실천 의지 강화**
여러분은 나와 다르다고 하여 편견과 고정 관념을 갖고 있지는 않은가요? 차이를 차별하지 않을 때 우리 사회의 혼란과 갈등을 더 원활하게 해결할 수 있을 것입니다.

기술·가정 교과 수업을 마치면서 학생들은 다음과 같은 소감을 들려주었다.

"어떤 가족의 유형이든 존재만으로 소중하다는 글이 계속 생각이 납니다. 다 같이 잘 어울려 사는 사회가 되었으면 합니다."
"가족이라는 제도를 떠나 관계를 중심으로 가족의 재구성을 생각해야 할 것 같아요. 다양한 관계에 대해 열린 사고가 필요한 것 같습니다."
"지금 우리 사회에 한부모가족, 노인가족 등의 문제가 엄청 심각하다고 들었는데 이들에 대한 국가적 지원을 더 강화해야 할 것 같아요."

도덕 교과에서는 다문화 사회에서 발생하는 갈등을 어떻게 해결할 것이며 세계 시민으로서 도덕적 과제가 무엇인지 학습하고, 이를 통해 다문화·공동체·세계 시민 윤리의식을 형성하는 데 수업 목표를 두고 있다. 갈등 해결을 위해서는 이주민을 배려하고 관용의 자세를 갖춤으로써 다문화 사회에 나타나는 갈등을 해소할 수 있다고 제시하며, 다문화 사회의 모든 구성원의 인권을 존중하고 서로 조화를 이루도록 권장한다. 또한 세계시민으로서 다른 사람들에 대한 무관심과 편견을 버리고 상호 이해와 관용을 실천하여 지구 공동체 평화를 실현할 것을 제시하고 있다.

[도덕] 성취 기준

[9도 03-02] 보편 규범과 문화 다양성의 관계를 이해하고, 이를 바탕으로 문화적 차이와 다름을 존중하는 등 다양성을 긍정하는 자세를 지닐 수 있다.
[9도 03-03] 세계 시민으로서 요구되는 도덕적 가치를 이해하고, 지구 공동체에서 일어나는 다양한 도덕 문제를 인식하며, 이러한 문제를 개선하려는 참여적 태도를 가지는 등 세계 시민 윤리의식을 함양할 수 있다.

도덕은 사회 이슈를 내용으로 다루기에 매우 적합한 교과이다. 성취 기준의 내용 자체가 사회 문제를 다루기 때문이다. 도덕 교과 시간에 학생들에게 다문화 사회의 갈등 원인, 실태 등에 대해 좀 더 자세히 탐구하고 조사하도록 하였다. 학생들은 '세계 시민' 영역에서 우리 사회의 갈등으로 촉발된 난민 문제의 발생 원인과 현황, 실태 등에 대해 깊이 있는 조사를 하였다.

❷ 쟁점 찾기 : 다양한 쟁점을 스스로 탐색하기

도덕 교과에서 난민 수용에 대한 쟁점을 학생들 스스로 인터넷과 신문에서 찾아보게 안내했다. 개인의 입장을 정하기 전에 난민 수용에 대한 다양한 쟁점과 입장을 먼저 파악해 볼 필요가 있었기 때문이다.

난민 문제에 대한 교과서의 관점은 지구공동체의 관점에서 함께 관심을 가지고 관용과 배려의 자세를 지닌다는 한쪽 측면만 부각되어 있기 때문에 반대 측의 의견은 교과서 외에서 찾게 할 수밖에 없다. 교과서와 다른 관점의 자료는 어떤 것들이 있는지 직접 찾아보는 것이 중요했다.

자료를 찾은 후에는 난민 수용에 대한 찬성 측의 근거와 반대 측의 근거가 어떻게 다른지 구체적으로 탐색하는 시간을 가졌다. 이 과정에서 교사의 생각이 학생들의 판단에 영향을 줄 수도 있으므로

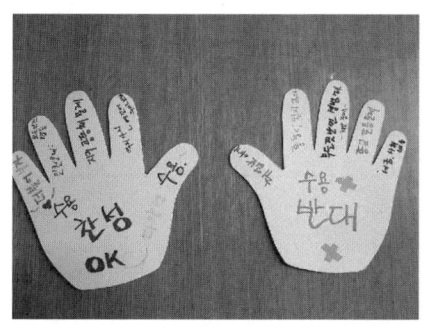

난민 수용의 찬성과 반대에 대한 생각 정리하기

교사는 생각을 드러내지 않아야 한다.

3 입장 드러내기 : 자신의 이해관계를 생각하기

난민 수용은 나의 삶과 어떤 이해관계가 있을까?

이 단계에서는 보이텔스바흐 원칙에 따라 이해관계 인지 및 학생 중심 원칙에 의해 자신의 이해관계를 고려하여 스스로 입장을 결정하도록 한다.

우선 학생들이 우리나라에서 난민을 수용했을 때 자신의 삶에 어떤 영향을 줄지 이해관계를 함께 생각해 보게 했다. 학생들은 이 과정을 어려워했으며 교과서에서 수용의 입장이 대두되어서인지 수용 반대자는 의견을 적극적으로 내지 못했다. 아직 자신의 입장을 확고하게 결정하지 못한 탓일 수도 있다.

그래서 수용 시 이로운 점과 수용 시 해로운 점을 함께 고민해 보자고 했다. 포스트잇에 양쪽 이해관계에 대한 내용을 자유롭게 써서 붙이게 했다.

수용 시 이로운 점	수용 시 해로운 점
난민 수용은 결국 우리 모두가 함께 사는 길이다. 모두가 인권을 존중한다면 내가 해외에 나가서도 존중받을 수 있을 것이다.	테러의 위험과 치안 문제로 인해 불안하다. 그들을 위한 세금을 내야 한다. 사회 갈등 문제가 더 커진다.

쟁점과 자신의 삶을 연관 지어 이해관계를 드러낼 때 논쟁은 활기를 띠게 된다. 내 삶에 어떤 것이 이득이 되고, 어떤 것이 해가 되는지 따지는 모습이 씁쓸하게 느껴질 수도 있지만 우리 삶과 사회의 갈등은

이해관계 때문에 일어나는 일이 대다수인 만큼 이를 고민하는 단계는 매우 중요하다.

교과서는 관용과 배려를 강조하지만 막상 학생들은 이해관계 앞에서 선택이 흔들리는 모습을 보였다. 사람들이 교과서 같은 소리라는 야유의 말을 할 때 그 의미가 현실성 없는 이야기를 뜻하듯이 교과서의 배움은 그리 오래가지 못할 듯했다. 학생들의 솔직한 발언을 듣고 싶어서 발표 대신 모둠별로 나누는 이야기를 가만히 들어보았다. 학생들의 의견은 대략 이러했다.

수용 시 이롭다는 입장

"우리나라 사람들도 난민이었던 역사를 가지고 있어. 물론 가서 차별은 받았지만 결국 받아들여 주었기 때문에 세계 각지에서 함께 살고 있는 거잖아. 미세먼지 때문에 한국에서 못 살게 되면 어쩔래? 입장 바꿔 생각해 보자고."

"지금 당장 이득은 아니어도 난민으로 떠돌다 죽은 아이를 봐. 우리나라뿐만 아니라 전 세계가 함께 난민 수용에 대해 이야기를 했으면 좋겠어. 눈앞에서 그들을 다시 죽음으로 내몰 순 없잖아."

수용 시 해가 된다는 입장

"난민한테 네가 번 돈 세금으로 낼 거야? 그럴 돈 있으면 우리나라 사람을 돌보지 그래!"

"지금 우리 지역 ○○ 가봐라. 거기 중국인들 천지야. 거기 가 보면 무서워. 예멘 무슬림이 테러단체가 아닌지 어떻게 증명할 거야? 난 성인군자가 아니야."

수업 초반의 1차 입장 정하기에서 찬성 측은 17명, 반대 측은 5명이었다. 이후 세계 시민으로서 요구되는 도덕적 가치를 배우고 나서는 입장이 꽤 바뀌었다.

1차 입장 정하기		이해관계 고려 후	
찬성 17명	반대 5명	찬성 10명	반대 12명

4 논쟁하기 : 입론→질문→반론→최종 발언으로 진행하기

1차 입장을 정한 후 본격적인 논쟁을 시작하기에 앞서 '논쟁 기본 규칙'을 제시했다. 논쟁 예절을 지킴으로써 논쟁이 원활하게 진행될 수 있도록 하기 위함이다.

논쟁 기본 규칙
- 상대방의 말을 경청하자.
- 손을 들고 발언권을 얻자.
- 무시, 비하하는 발언을 하지 말자.

논쟁 흐름은 양측의 입론 후, 교차 질문을 하고, 반론 및 최종 발언 순으로 진행되었다. 각 과정에서 어떤 논쟁을 펼칠지 준비하는 시간을 충분히 갖게 했다. 다음은 찬성 측과 반대 측 학생들이 주장한 주요 발언과 질문이다.

찬성 측 학생 발언

"난민들은 우리와 다른 사람들이 아닙니다. 그들도 자국에서 일어나는 전쟁을 피해 우리나라까지 오게 된 것입니다. 우리나라는 난민보호국으로 난민에게 인도적 지원을 해주겠다고 선언했지만 실제 난민 지위 인정 비율은 상당히 낮습니다. 2017년 기준 1.51%로, 전 세계 24.1%, 유럽연합 33%, 미국과 캐나다 약 40%에 비추어 볼 때 일본과 함께 세계에서 꼴찌 수준이라고 합니다. 인권 실천의식이 부족한 나라가 자국민의 인권을 제대로 보호할까요?"

"우리도 예전에 난민으로 불우하게 떠돌던 시절이 있었습니다. 대한민국 정부의 역사적 정통성을 지닌 임시정부는 바로 중국으로 망명한 사람들이 만든 난민 정부였다는 사실을 잊어서는 안 됩니다. 우리 사회의 차별 양상은 참으로 다양합니다. 학벌, 돈, 지역 등 차별하지 말자고 부르짖으면서 실제 행동은 그렇지 않은 사람들이 많습니다. 다문화사회로 접어든 현실은 부정할 수도 막을 수도 없습니다. 이제 인종 차별에서 벗어나 좀 더 열린 자세와 태도를 갖추어야 할 때입니다."

반대 측 학생 발언

"지금 저들이 들어와서 체류하는 데 지원하는 비용은 다 국가의 세금입니다. 대한민국의 경제가 힘들다는 것은 연일 뉴스에서 보도되는 내용입니다. 힘들어하는 자국민의 모습은 보이지 않나요? 유럽 보세요. 난민으로 위장한 테러리스트들이 실제 테러를 일으킨 사례가 있습니다. 프랑스 니스 테러, 벨기에 브뤼셀 테러, 독일 쾰른 난민 집단 성폭행 등. 어찌 되었든 그들이 우리 사회에 동화되려면 사회통합비용도 만만치 않게 듭니다. 국가 세금으로 그 비용을 충당하는 데는 반대합니다. 취업하려고 난민으로 위장해서 들어오는 것도 문제입니다. 우리나라 청년들도 취업이 안 돼서 난리입니다. 현실을 직시하기 바랍니다."

"더 큰 문제는 이슬람 종교를 지닌 난민입니다. 불교와 기독교도 마찰을 빚는 시점에 이슬람까지 더해지면 대한민국은 갈등의 불바다가 될 것입니다.(아이들 웃음) 우리가 왜 공부를 합니까? 사회 갈등을 줄이자는데 갈등을 더 키우기만 할 건가요?"

찬성 측 질문(반대 측에게)
"농촌이나 육체노동이 필요한 곳은 한국인들이 기피해서 외국인들로 채워지고 있는 실정입니다. 다문화 가정으로 인해 출산율이 늘어나고 3D 직종이 유지되고 있는 것은 어떻게 생각하나요?"
"사회 갈등을 줄이기 위해 관용과 배려를 중시하는 세계시민교육을 받는 것이 아닌가요?"

반대 측 질문(찬성 측에게)
"차별하는 태도는 분명 고쳐야 할 부분입니다. 그러니까 먼저 우리 사회 안에 존재하는 다양한 문제점을 해소하는 데 노력을 기울여야 하지 않을까요?"
"인간의 권리 보장도 그걸 해 줄 수 있는 사회에서 논할 문제입니다. 우리 국민의 인권부터 살펴야 하지 않을까요?"

서로 번갈아 주장과 질문을 주고받은 뒤 찬성 측과 반대 측은 다음과 같이 반론과 최종 발언을 정리해 발표했다.

찬성 측 반론 및 최종 발언
반대 측에서 차별하는 태도를 고쳐야 한다고 말한 부분은 결국 난민 수용 반대가 차별을 하고 있다는 것을 인정한 형국입니다. 자기모순에서 벗어나 더 큰 인류애를 가지길 간곡히 바랍니다. 인간의 권리 보장이 그걸 보장해 줄 수 있는 사회에서 논할 문제라는 주장은 우리 사회가 인권이 보장되지 않는 사회라는 우회적인 표현으로 들립니다. 안타까운 일이 아닐 수 없습니다. 저는 제가 아프고 힘들 때 위로받을 수 있는 대한민국에서 살고 싶습니다.

아울러 예멘의 경우 시아파가 많아 IS나 알카에다 등의 수니파 테러집단에 참여할 가능성이 적고, 수니파와 시아파는 기독교와 이슬람 사이가 안 좋은 것보다 더 사이가 안 좋다고 합니다. 테러를 걱정하는 것은 섣부른 판단으로 보입니다.

대한민국의 헌법 제20조에 의해 모든 국민은 종교의 자유를 가진다고 했습니다. 이슬람 종교보다 더 큰 문제는 사이비 종교일 것입니다.

한국은 우리가 생각하는 것보다 국제사회에서 더 높은 위상을 갖고 있다고 합니다. 대한민국은 난민보호법을 아시아에서 최초로 만든 나라이며 난민을 보호하겠다는 국제적 약속을 한 나라입니다.

끝으로 세계인권선언 제2조를 들려드리고 싶습니다.

> 모든 사람은 인종, 피부색, 성, 언어, 종교, 정치적 또는 기타의 견해, 민족적 또는 사회적 출신, 재산, 출생 또는 기타의 신분과 같은 어떠한 종류의 차별이 없이, 이 선언에 규정된 모든 권리와 자유를 향유할 자격이 있다. 더 나아가 개인이 속한 국가 또는 영토가 독립국, 신탁통치지역, 비자치지역이거나 또는 주권에 대한 여타의 제약을 받느냐에 관계없이, 그 국가 또는 영토의 정치적, 법적 또는 국제적 지위에 근거하여 차별이 있어서는 아니 된다.

모든 인간은 존재만으로 존엄한 존재임을 다시 한번 강조하고 싶습니다. 이상 발언을 마치겠습니다.

반대 측 반론 및 최종 발언

난민수용에 우호적 태도를 보였던 독일도 난민 신청이 거부되어 추방된 건수가 크게 늘었다고 합니다. 이는 독일이 현재 난민 관련 문제에 어려움을 겪고 있다는 증거입니다. 철저한 준비와 관리 없이 관용과 배려만 논하는 것은 오히려 사회 유지를 어렵게 만듭니다. 아직 우리나라는 준비가 되어 있지 않습니다.

2018년 법무부에 따르면 외국인 수수료·범칙금 등을 합산한 금액이 지난해 기준 1,325억 원 가량이라고 합니다. 재정적인 부분은 현실입니다. 외국인들이 우리 사회에서 문제를 일으키고 있다는 증거입니다. 다문화가정과 외국인을 위해 쓰는 세금이 적지 않습니다. 인권을 무시해서가 아니라 현실적으로 더 이상의 지원은 무리가 있는 것입니다. 그들을 받아들이지 않는다고 해서 인권이라는 단어를 통해 비판하는 것은 섣부른 인신공격으로 들립니다.

또한 교과서에 나왔듯이 이누이트족, 야미족은 언어를 잃게 되면서 민족의 존재마저 사라질 위기에 처해 있습니다. 저는 나치즘과 같은 독재주의자는 아니지만 유구한 우리 민족이 사라지는 것은 원치 않습니다. 분명히 교과서에서도 한국인으로서 고유한 정체성을 간직하되 세계 시민으로서의 보편성을 갖추라고 했습니다. 무분별한 난민 수용으로 혼란이 가중되고 정체성이 훼손되는 것을 원하지 않습니다. 고유한 정체성을 지닌 가운데 그들을 수용하려면 우리에게는 시간이 더 필요합니다. 감사합니다.

5 최종 입장 정하기 : 글쓰기로 한 번 더 생각 정리하기

학생들에게 아직 난민이 우리 곁에 없지만 다문화 가정 비율이 전국 3위이며, 가까운 ○○지역에는 다문화학생 비율이 일반학생보다 더 높은 상황임을 안내했다. 실제 교실 안에 다문화학생이 존재한다는 것을 학생들은 이미 알고 있었다. 난민 문제가 자기와 관계없는 일이 아니며 지금 우리 사회의 문제임을 다시 강조한 후, 최종 입장을 정하도록 하였다.

1차 입장에서 반대였던 학생 3명이 찬성으로 입장을 바꾸었다. 바꾼 이유는 다음과 같다.

> "찬성 측 학생의 '제가 아프고 힘들 때 위로받을 수 있는 대한민국에서 살고 싶습니다.'라는 말이 가슴에 와 닿았어요. 죽어라 공부해서 회사 들어가도 불안한 사회잖아요. 다 같이 잘 살았으면 좋겠어요." (반대 측에서 찬성 측으로 바꾼 학생)

반대 측의 의견을 고수한 학생은 다음과 같이 말했다.

> "저도 난민을 다 받아들이고 더불어 잘 살면 좋겠어요. 하지만 현실적으로 어려운 부분이 있잖아요. 구체적인 대안을 마련하는 것이 더 중요하다고 봅니다." (반대 측 의견을 고수한 학생)

1차 입장 정하기		이해 관계 고려 후		최종 입장 정하기	
찬성 17명	반대 5명	찬성 10명	반대 12명	찬성 13명	반대 9명

최종 입장 정하기는 국어 교과에서 실행했다. 국어 교과에서는 최종 입장을 정리하고 실천 역량을 키우기 위해 건의문 쓰기를 했다. 해당 성취 기준은 내용적인 부분보다 기능적인 역량을 신장시키기 위함이었다.

> **[국어] 성취 기준**
> [9국 03-04] 주장하는 내용에 맞게 타당한 근거를 들어 글을 쓴다.

찬성 측 건의문 중

우리나라는 난민보호국입니다. 인도적인 차원에서 난민을 지원해 주는 것이 당연합니다. 난민 수용에 대한 우려로 치안 문제를 걱정하지만 난민을 잠재적인 범죄자로 보는 것은 옳지 않은 일입니다. 다문화사회에서 더 이상 편견과 차별로 인해 서로 상처받는 일이 일어나서는 안 될 것입니다. 서로 어울려 살아가려는 관용과 나눔의 문화가 확산된다면 대한민국의 미래도 더욱 밝아질 것입니다.

반대 측 건의문 중

무분별한 난민 수용을 반대합니다. 난민 수용에 대해 그나마 우호적이었던 독일도 지금은 난민 심사를 철저하게 하고 있습니다. 그만큼 난민 수용에 따른 문제점이 만만치 않기 때문입니다. 난민 수용으로 인한 취업난은 더욱 심각해질 것이고, 치안도 문제가 없다고 장담할 수 없습니다. 무엇보다 문화의 차이를 이해하고 함께 어우러지는 데는 시간이 필요합니다. 아직 우리는 난민을 받아들일 준비가 되어 있지 않습니다.

6 실천 의지 다지기 : 정치적 실천 능력 기르기

'실천 의지 다지기'는 학생 자신의 정치적 상황과 이해관계를 고려해서 실천 능력을 기르는 단계이다.

찬성 측은 세계인의 날을 맞이하여 인권 존중 캠페인을 하겠다고 했다. 찬성 측 학생들은 난민에 대해 관심이 없는 학생들에게 난민의 의미를 알려주고, 난민을 응원하는 한 줄 남기기 캠페인을 벌였다. 그리고 온라인에 난민 응원 활동을 퍼뜨려 더 많은 사람들에게 알렸다.

반대 측은 온오프라인에서 실시하고 있는 서명 운동에 동참하고, 난민 반대를 지지하는 온라인 신문기사에 '좋아요'를 누르거나 댓글을 다는 활동을 통해 반대 의견을 퍼뜨리겠다고 했다.

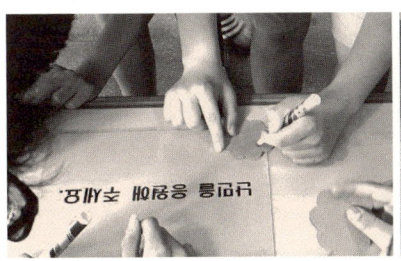 

찬성 측 인권 존중 캠페인 활동

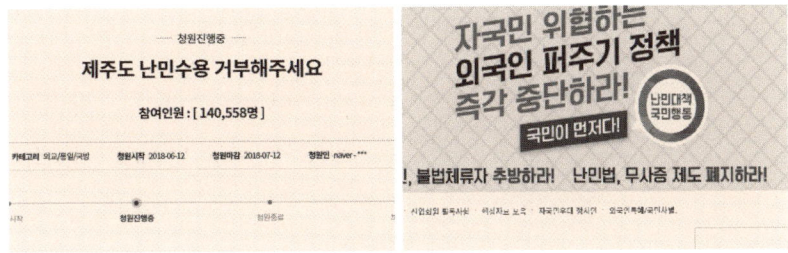

반대 측 국민 청원 서명 참가, 카페 가입하여 활동

보이텔스바흐 원칙에 따른 논쟁 수업 흐름도

과정	내용
❶ 상황 던지기 기술·가정 / 도덕	▶ 오늘날 삶의 이슈에 대한 이해 • 기술·가정: 변화하는 가족 유형 파악 • 도덕: 다문화 사회의 갈등 이해
❷ 쟁점 찾기 도덕	▶ 난민 수용에 대한 쟁점 • 찬성: 난민을 수용해야 한다. • 반대: 난민을 수용하면 안 된다.
❸ 입장 드러내기 도덕	▶ 찬성 vs. 반대 1차 입장 정하기 • 난민 수용에 따른 자신의 이해관계 고민하기 • 자신의 입장과 근거 정리하기
❹ 논쟁하기 도덕	▶ 찬성 측과 반대 측의 논쟁 시작 • 양측 주장(입론) • 교차 질문 • 반론 및 최종 발언
❺ 최종 입장 정하기 국어	▶ 건의문 쓰기를 통해 최종 입장 발표 • 건의문 작성 • 건의문 발표
❻ 실천 의지 다지기 국어	▶ 실천 의지를 통해 실천 역량 발휘하기 • 찬성: 인권 존중 캠페인 활동 • 반대: 서명 운동 참여하기, 반대 의견 퍼뜨리기

※ 관련 교과: 중등 기술·가정 '다양한 가족' 단원
　　　　　　도덕 '다문화 사회' 단원
　　　　　　국어 '주장하는 글' 단원

나와 다른 생각을 자유롭게 말할 수 있는 사회

"교육기본법 제6조(교육의 중립성) ① 교육은 교육 본래의 목적에 따라 그 기능을 다하도록 운영되어야 하며, 정치적·파당적 또는 개인적 편견을 전파하기 위한 방편으로 이용되어서는 아니 된다."

위 법조항은 교육의 정치적 중립성을 보장하기 위해 만들어진 것이다. 이를 위반하면 징계를 받게 된다. 특정 정당에 2만 원의 후원금을 낸 교사들이 해임될 뻔한 사건(경미한 책임을 묻고 종결)이나 교육부가 세월호 참사 진상 규명과 책임자 처벌, 시국선언에 참여한 교사들을 대검에 고발한 사건(2019년 고발 취소)들이 해당 사례이다.

최근 낙태죄에 반대를 표한 공공기관을 비판하는 칼럼이 있었다. 이유는 아직 위헌 결정이 나지 않은 실정법령인 상태에서 낙태죄에 찬성하거나 반대하면 이는 정치적 대립을 보이는 민감한 사안에 대하여 의견을 표출한 것이므로 특정 정치적 입장을 지지했다는 것이었다. 이는 일체의 정치 활동을 금지하는 국가공무원법 65조를 위반한 것이라고 했다. 이러한 사례로 비추어 봤을 때 국민적 합의가 확실히 도출되지 않은 사안들에 대해서 교사들의 발언을 충분히 문제 삼을 수 있어 보인다. 한 교육청에서 실시한 '이슬람-예멘 난민' 강연도 문제가 되었다. 난민 수용에 반대하는 자들을 인종차별주의자로 몰아갔으며 이는 정치적 편향으로 정치 교사들에 대한 처벌이 필요하다는 기사였다. 교사들은 곤란한 상황에 놓이는 것이 두려울 수밖에 없다.

학교 교육에서 토론을 할 때 겪는 어려움 중 하나는 충분한 근거를 통해 자신의 생각을 정립하고 임해야 할 토론에서 충분한 고민 없이 암기하듯 말하거나 한쪽 의견을 무조건 따라가는 학생들이 많다는 것이다. 자신의 생각을 말하는 것이 창피한 학생들, 토론은 국회의원들이나 한다고 생각하는 학생들에게 토론은 지겨운 수업일 뿐이다.

교육 현장에서 토론의 주제는 대동소이하게 정해져 있다. 안락사 찬반, 효녀 심청이의 효도 방식, 인공지능 찬반 등. 이런 주제는 학생들의 삶과 직접적으로 연결되지 않기 때문에 토론을 진부하게 만들어 버린다. 예전에 소년법을 주제로 토론을 한 적이 있었는데 학생들은 서로 발언 기회를 달라면서 토론에 적극적으로 임했다. 무엇이 학생들의 마음을 동하게 만들었을까? 바로 학생의 삶과 연결된 논쟁 주제였던 것이다. 논쟁이 학생들의 삶과 연결된 현안일 때 자발적으로 토론의 장으로 들어오게 할 수 있다.

독일은 현재 학교 수업에서 정치교육을 실시한다. 그런데 독일 또한 수업에서 정치교육을 하는 것에 대한 고민이 많았다고 한다. 이에 대한 해결책으로 보이텔스바흐 원칙이 탄생된 것이다. 지극히 정치적인 쟁점이나 논쟁적인 사안으로 토론을 활성화할 뿐, 교사는 학생들의 토론에 가치 판단을 하거나 특정 견해를 주입하지 않는다. 따라서 다양한 현안 주제가 수업의 현장으로 들어올 수 있다. 이로써 학생들은 공동체 문제에 적극 참여하는 시민으로 자라나게 되는 것이다.

우리가 사는 사회에는 다양한 이해관계를 갖는 각계각층의 목소리가 혼재되어 있다. 그리고 민주주의의 기본은 바로 이들의 목소리를 조화로운 하모니로 만들어내는 것이 아닐까 싶다. 보이텔스바흐 원칙을 통해 우리 사회의 현안에 대해 깊이 통찰함으로써 혜안을 갖추게 하는 교사 본연의 교육적 활동을 마음껏 할 수 있게 되길 바란다.

 **수업 사례 3 중등 국어**

남북한
언어 통일 논쟁

유충열(인천광역시교육청 교육연수원 교육연수부장)[4]

최근 인기리에 방영된 드라마 〈사랑의 불시착〉을 보면 남북한이 쓰는 언어가 많이 다르다는 것을 알 수 있다. '핸드폰'을 북한에서는 '손전화'라고 하며, '말랐다'는 표현 대신 '살까였다'라고 한다. 속어에서도 차이를 보이는데 북한의 '후라이 까지 마라'는 남한의 '뻥 치지 마'에 해당한다. 드라마에서는 서로 말을 못 알아들을 때 남한 드라마를 즐겨 보던 북한 대원의 통역으로 간단히 해결되었지만, 실제로 남북한이 통일되면 어떤 일이 벌어질지는 쉽게 상상이 되지 않는다. 어느 어휘는 취하고 어느 어휘는 버리며 어떤 말을 표준어로 써야 할지를 국가가 주도한다 해도 언중이 이를 받아들이기는 쉽지 않을 것이다. 따라서 이 문제에 대해 보이텔스바흐 수업을 통해 논쟁하고

---

4 이 수업은 본 저자가 2003년도에 수업한 내용을 보이텔스바흐 수업 방법으로 재구성한 것이다.

실천 의지를 다져보면서 다가올 통일시대를 대비했으면 한다.

이 수업은 남북한 언어의 이질화 문제에 대한 해결 방법을 찾아보고, 논쟁을 통해 서로 다른 언어를 어느 한 쪽을 취하게 하거나 또는 공용어로 만들어 보게 하고, 실제로 적용해 보는 것을 목적으로 한다.

우선 '남북한의 언어 통일은 어떻게 해야 하는가?'라는 주제를 먼저 제시할 것이다. 그리고 남북한 언어의 이질화가 생기게 된 까닭을 간단히 살펴본 다음 남북한 언어 이질화의 문제점은 무엇인지 알아보고 이를 어떻게 극복할 것인지 논쟁해 보는 순서로 진행한다.

논쟁에서는 이질화의 극복 방안으로 제시된 다양한 의견을 모은 뒤, 실제 남한과 북한의 언어학자로 역할을 분담하여 공용어 만들기, 어느 한쪽의 언어로 통일하기 등 논쟁을 통해서 새로운 언어를 정해보는 활동을 전개하도록 하였다. 그리고 정해진 언어가 다른 모둠과 어떻게 다른지 비교해 보는 활동을 통하여 제안된 결론들이 실생활에 얼마나 유용한지를 직접 깨닫게 할 것이다.

이 주제는 남북한 언어 문제를 다루는 중학교 국어의 성취 수준과 성취 기준에 적합하며, 자유학기제 활동, 탈북학생과 함께하는 수업으로도 적절하다.

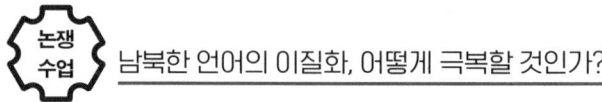
남북한 언어의 이질화, 어떻게 극복할 것인가?

❶ 상황 던지기 : 통일이 되면 생기는 문제들

통일이 되면 생길 문제들에 대해 모둠별로 대화를 하도록 하였다.

다음은 어느 모둠의 이야기를 발췌하여 적은 것이다.

"남북한이 통일되면 어떤 문제가 생길까? 막연한 생각이 아니라 갑자기 현실로 찾아올지도 모르는 일이지."

"어떻게 통일이 되느냐에 따라 문제가 달라질 수 있지. 흡수 통일? 협의 통일? 그런데 무력 통일은 제외하자. 모두에게 유익하지 않은 통일이잖아."

"음, 우선 먼저 생길 수 있는 문제는 부동산 문제가 아닐까? 갑자기 살던 터전을 떠나게 되면서 소유권을 잃은 사람들이 자신의 땅이라고 주장하고 나설 수 있지. 그리고 이산가족 문제도 있어. 이산가족이 만나게 되면 가족 관계가 복잡해질 수 있겠네. 만약 가족을 두고 결혼이라도 했으면……."

"그런 것 외에는 없을까?"

"언어 문제도 있어. 학교에 있는 탈북학생들이 우리말을 잘 못 알아듣거나 쓰지 못해서 어려움을 겪고 있는 모습을 보았거든."

"그렇다고 전혀 말이 통하지 않는 것은 아니잖아."

"그럼, 넌 북한에서 '고이다'가 뭘 뜻하는 말인지 알아?"

"고이다? '물이 고이다' 할 때의 '고이다' 아니야?"

"땡, '고이다'는 북한말로 '뇌물을 주다'라는 뜻이래."

"그래? 그러면 우리도 못 알아듣는 북한말이 많겠네? 말 때문에 서로 오해가 생길 수도 있고. 통일되면 이것도 문제겠다."

"그런데 통일이 된 것도 아니고 이 문제를 지금 해결하기는 어렵잖아."

"아니야. 이미 학자들은 이 문제에 대해 남북한이 모여 몇 번 회의도 했는걸. 남북관계가 어떠냐에 따라 회의를 멈추기도 하고 추진하기도 하고 하면서."

이렇게 서로 이야기를 나누던 아이들은 다음과 같이 생각을 정리했다.

"선생님 우리는 남북한의 언어 차이를 어떻게 극복할 건지 그 방법에 대해 생각해 보기로 했어요."

2 쟁점 찾기 : 남북한 언어를 통일하는 데 문제점은?

각기 다르게 표현하는 남북한 언어를 하나로 만드는 데 어떤 문제가 있을지 생각해 보게 하였다.

"음, 서로 자신의 언어를 쓰려고 하겠지?"
"그렇지. 남북한 모두 오랫동안 익숙하게 써 왔으니까."
"자신의 언어를 계속해서 고집하면 해결 방법이 없겠네."
"통일이 되었을 때 사람들 간에 언어 때문에 서로 오해를 하는 일은 없어야 된다고 생각해."

우선 첫 번째 시간에는 남북한 언어의 차이점에 대해 알아보고 문제점을 찾아보도록 하였다.

질문 남과 북의 표준 발음은 각각 어느 지역의 말이 중심이 될까?
답 서울과 평양이요.

질문 남북한 언어 차이를 아는 대로 이야기해 보자.

답1 남한은 낙원, 양심과 같은 두음법칙을 적용하는데 비해 북한은 그대로 락원, 량심으로 말합니다.

답2 남한은 심리를 [심니]로 항로를 [항노]로 발음하는데 북한은 [심리], [항로]로 발음합니다.

답3 남북에는 다른 한 쪽에서 쓰지 않는 말이 있습니다. (남: 수능시험, 총선/북: 량권, 천리마 운동 등)

답4 형태는 같으나 다른 뜻으로 쓰이는 말들이 있습니다. (동무, 제국주의 등)

답5 남에서는 사이시옷을 쓰지만 북에서는 쓰지 않습니다.

답6 남쪽은 북쪽보다 띄어쓰기가 많습니다.

다음으로는 남북한 언어의 차이로 인해 생기는 문제점에 대해 생각해 보았다. 학생들에게 북한사람이 남한에서 언어 차이로 인해 겪은 이야기를 들려주었다.

어느 날 화장품 선물이 들어 왔다. 선물인데 안 쓰고 그냥 놔두기가 뭐해서 포장을 끌러 보았다.

두꺼운 상자를 열었더니 고급스런 병이 두 개 들어 있었다. 화장품 이름이 북한과 다르기 때문에 제대로 사용하려면 일일이 손에 찍어 발라서 냄새로 맡아 보아야 한다. 하나는 얼굴에 바르는 크림이 분명했다. 곁에는 로션이라고 쓰여 있었다. 북에 있을 때는 비누 세수를 하는 외에 아무것도 바르지 않았지만 다른 사람이 크림을 바르는 것을 자주 보았기 때문에 로션의 용도는 금방 알 수 있었다.

하지만 두 번째 병에 들어 있는 것은 어디에 바르는 것인지 알 수 없었다. 스킨이라고 적혀 있는데 냄새를 맡아 보니 꼭 향수 같았다. 어쩌다 여자랑 연애하러 나갈 때 친구에게서 얻어쓰던 향수 냄새가 생각났다. 물론 그 냄새와는 조금 다른 것도 같았지만 그건 불가리아제니까 나는 스킨을 향수라고 확신했다. 향수치고는 냄새가 조금 고약하고 금방 날아가 버리기 때문에 헤픈 것이 흠이었다.

그날은 아침에 일어나서 방송국 갈 채비를 서둘렀다. 샤워를 하고 수건으로 머리를 말린 다음 옷을 입고 있을 때였다. 오늘 나를 방송국까지 태워주기로 한 사람이 도착했다.

"잠시 기다리십시오. 이제 준비가 다 끝나갑니다."

이제 향수만 치면 된다. 나는 스킨 뚜껑을 열고 병을 머리 위로 올렸다. 그리고 몇 방울을 뚝뚝 떨어뜨렸다.

"○○씨, 지금 뭐 하는 거야?"

내가 향수 뿌리는 것을 보던 그 사람이 손을 휘저으며 일어났다. 나는 영문을 몰라서 사실대로 말했다.

"뭐하긴요? 향수 뿌리고 있다요."

"에이 이 사람. 그건 향수가 아니야. 얼굴에 바르는 스킨이라구."

나는 스킨이 얼굴에 바르는 물이라는 걸 그런 창피를 당하고 나서야 알게 되었다. 북에서는 이런 물을 살결물이라고 하는데 내 언어 실력으로는 도저히 연결시킬 수 없는 말들이었다.

그래도 지금은 남북이 화장품을 어떻게 다르게 부르는지 어느 정도 터득했다. 살결물은 스킨이라고 하고, 물크림은 로션이라고 하고, 입술연지는 루즈라고 하고, 눈썹 연필은 아이펜슬이라고 하고…….

아이들에게 이 이야기에 대한 질문을 해보았다.

질문 글쓴이가 스킨을 어떻게 사용하는지 몰랐던 까닭은?
답1 북한에서는 스킨을 살물결이라고 하기 때문이에요.
답2 서로의 말이 달라서요.
답3 영어로 써 놓았기 때문이에요.

남북한 언어 차이에 대한 이해가 어느 정도 이루어진 뒤 쟁점 찾기 활동에 들어갔다.

쟁점 찾기 활동에서는 패널 토의로 진행하였다. 한 사람이 논쟁 주제에 대해 발표하고 이 주제에 대해 의견을 제시하는 형태로 진행하도록 하였다.

패널 토의 진행 예시 그림

주제 1 : 남북한 언어의 이질성이 생기게 된 이유
먼저 주제 발표자의 발표를 들었다.

"6.25 전쟁 이후 우리나라는 남과 북으로 갈라지고 오랜 시간 교류가 끊기는 바람에 경제, 인구, 문화 등에서 차이가 많아졌습니다. 남북의 언어 차이도 이로 인해 생기게 되었습니다. 이것이 남북의 언어가 달라지게 된 첫 번째 이유입니다. 두 번째 이유는 체제와 사고방식이 다르기 때문입니다. 남과 북은 각각 민주주의와 공산주의라는 서로 다른 이념을 바탕으로 사회를 구성해 왔습니다."

이 학생이 주장한 두 가지 내용에 대해 다음과 같은 의견이 제기되었다.

첫째, 6·25 전쟁으로 인한 남북 분단이 언어의 이질화를 가져왔다는 점에 대해서는 "6·25 전쟁 이전에도 언어의 이질화는 이미 있었다."는 반론이 제기되었다. 이에 대해 발표자는 전에는 방언 정도의 차이이지 지금처럼 큰 차이를 보이지 않았다고 답하였다.

둘째, 남북한의 이념 차이가 언어의 이질화를 가져왔다는 점에 대해서는 "민주주의와 공산주의(사회주의)는 다른 언어를 쓰는가? 통일 이전에 동독과 서독은 다른 언어를 썼는가?"라는 의문이 제기되었다. 이에 대해 이념을 전파한 나라의 영향을 받게 되므로 달라질 수밖에 없다는 점으로 재반론하였다.

그 외에 남북한 경제 정책, 남북한 언어 정책, 언어의 이질화에 대한 무관심이 이질화를 심화시켰다는 의견도 있었다.

이에 대해 경제 체제가 다르면 경제 용어에서만 차이가 나야지 일상언어에서도 차이가 나는 이유는 무엇인지, 단순한 언어 정책보다는 남북한의 이념이 언어 정책에 반영되어 차이가 나는 것은 아닌지, 언어에 대한 무관심이라기보다는 우리 민족 언어의 중요성을 인식하지 못한 데서 차이가 발생한 것은 아닌지 의문이 제기되었다.

주제 2 : 남북의 언어 차이로 발생되는 문제는 무엇인가?
학생들의 주장과 반론을 정리해 보았다.

A 남북한의 언어 차이는 심해지고 있습니다. 얼음보숭이가 아이스크림, 곽밥이 도시락, 이렇게 너무나도 다른 말이 많습니다. 앞으로 시간이 계속 흐른다면 영어처럼 전혀 모르는 외국어가 될 수도 있습니다. 유럽과 아시아에서는 나라가 언어, 종교, 인종에 따라 나누어지거나 분리되는 경우가 있는데 우리나라도 언어가 계속 달라진다면 통일을 못할 수도 있습니다.
B 통일의 문제는 언어보다 경제나 정치적인 문제입니다.
A 민족의식이 사라지고 의사소통이 원활하지 못하여 동질감을 잃게 되면 통일의 필요성을 인식할 수 없게 될 것입니다.
C 남북한 언어가 하나로 통일이 된다면 의사소통이 원활하게 이루어질 것입니다. 앞으로의 전망은 통일이 되어서 단일 언어가 통용될 거라고 봅니다.
D 통일이 된다고 해도 언어는 그대로 유지될 것입니다. 언어는 사람들의 습관이기 때문입니다.

위와 같은 주장과 반론 외에 "통일이 되더라도 의사소통이 원활하지 못하여 적개심이 생길 것이다." "통일은 다양한 분야에서 합쳐지는 것이기 때문에 언어 또한 어느 한쪽 또는 공용어를 정하여 활용하면 되지 않는가?" "통일이 되면 서로 대화가 이루어지지 않아 혼란스러워져 또 다른 편으로 갈라질 것이다." "통일이 된다는 것은 자유로운 만남과 왕래가 이루어진다는 것을 뜻하므로 혼란을 야기하기보다는 새로운 언어를 습득하는 계기가 될 것이다." "어휘의 양이 대폭 늘어날 것이다." 등의 의견도 제시되었다.

주제 3 : 남북한 언어 차이를 극복할 방안은 무엇인가?

이 문제에 대해서는 (1) 남북한 언어 차이를 극복하기 위한 노력이 필요하다, (2) 극복할 필요가 없다의 두 가지로 의견이 나뉘었다. 남북한 언어 차이를 극복하기 위한 노력이 필요하다는 의견에서는 "언어는 언어로서의 기능뿐만 아니라 동질감을 느끼게 하는 수단이기 때문이다." "남북한 언어 차이를 극복하려면 다양한 방법이 필요하다. 그중에서도 언어학자의 노력과 국민 개개인의 노력이 필요하다."는 의견이 제시되었다.

극복할 필요가 없다고 생각한 학생들은 "세계화 시대에 영어나 중국어도 배우는데 우리말과 비슷한 북한 말은 저절로 통일이 될 것이다."라고 주장했다.

좀 더 구체적인 극복방안으로는, 문법적 해결을 제외하고 같은 표현인데 다른 말을 사용하는 것들에 대해 통일할 필요가 있다고 의견을 모았다. 그리고 다음과 같은 쟁점을 만들었다.

1. 남북한 말 모두 인정하기
2. 어느 한쪽의 언어 따르기
3. 새로운 공용어 만들기

✓ 교사는 논쟁 과정을 역동적으로 고무시키기 위한 발문에 대해 미리 준비해야 한다. 이러한 발문은,

① 새로운 계기를 마련하거나, 한 시점에서 다른 시점으로 변화를 주기 위한 목적으로 활용될 수 있다.
② '요컨대, 만약에'와 같은 구체적인 지시 발문으로 어떤 내용을 유도하거나, 수업 분위기 형성에 기여한다.
③ '일반화한다면, 구체적인 사례는' 등의 추상적인 수준을 구체적으로 지시해준다.
④ 학생들 간의 상호작용을 증진하기 위하여 다른 학생의 논평을 언급하는 방법도 있다. 초기에 인식되지 않았던 핵심 내용을 강조하며, 그것이 학생들에게 간접적으로 시사하게 되어 추론을 하게 하는 구실이 되기도 한다.
⑤ 논쟁 도중에 인상에 남는 2, 3개의 주제를 선택하게 하여 요약을 하도록 하거나 결론을 내리도록 하는 방법도 있다.

❸ 입장 드러내기 : 남북한 언어 통일에 대한 입장 정리

국립국어연구원은 남북 언어의 이질화를 극복하기 위하여 1996년 8월 5일부터 8월 7일까지 3일간 중국 장춘에서 북한 국어사정위원회, 중국 조선어사정위원회와 공동 주최로 한국어 언어학자 국제학술회의를 개최하였다.

한국(5명), 북한(6명), 중국(6명) 등에서 약 40여 명이 참석한 회의에서는 남북한 어문 규범으로 한글 맞춤법, 외래어 표기법, 문장 부호, 띄어쓰기 등을 세부 주제로 하여 주제 발표와 토론을 하였다. 이 회의에서 다음과 같은 두 가지 합의를 이끌어냈다.

첫째, 앞으로 어문 규범을 개정할 시에는 지금보다 더 차이가 나지 않도록

한다.

둘째, 학술회의는 앞으로 계속 개최하도록 하되 그 시기와 주제는 차후에 협의한다.

학생들에게 이 합의 내용을 알려주고 같은 말인데 다른 어휘로 쓰이는 언어에 대해서 자신의 입장을 드러내 보도록 하였다. 이에 대해 학생들은 대체로 세 가지 입장을 취하였다.

① 남북한 언어를 모두 인정해야 한다는 입장

남북한 언어를 모두 인정하게 되면 어휘가 더 풍성해질 거라고 보았다. 하나의 말에 다양한 언어가 사용되어 혼란스럽게 될 것이라는 주장도 나왔다.

② 모두 마음에 들지 않는다면 새로운 언어로 대치하거나 만들어 사용하자는 입장

새로운 말을 만들기 위해서는 많은 노력과 연구가 필요하고 이를 활용하도록 하려면 시간도 필요하다는 반론도 있었다.

③ 바르고 고운 우리말이면서 누구나 공감하는 말이면 어느 한 쪽을 따를 수 있다는 입장

이는 어느 한쪽의 양보가 필요한데 해결하기가 쉽지 않은 일이다. 협상과 같은 방법을 사용하면 좋겠다는 의견이 나왔다.

4 논쟁하기 : 남북한 언어 중 하나를 선택하기

남북한의 언어 이질화는 통일을 멀어지게 하는 요소로 작용하거나 통일이 되었을 때 혼란을 야기시킨다. 따라서 남북한 언어의 동질성을 회복할 필요가 있다. 그런데 남한과 북한 모두 자신의 언어체계를 고집할 가능성이 크기 때문에 언어 통일이 쉽지 않다.

맞춤법, 띄어쓰기, 두음법칙, 사이시옷의 쓰임과 같은 내용은 언어학자들이 다루어야 할 전문적 분야이기 때문에 이 영역은 제외하고 같은 뜻의 말이지만 다르게 표현되는 어휘의 선택에 대해 살펴보기로 하였다.

남북한 공용 어휘 선택에 관한 가상 협상을 통해 논쟁해 보기로 하였다.

가상 협상(사회자←●, 협상 활동←●) 자리 배치

이를 위해 학생 모둠을 남한 언어학자와 북한 언어학자로 나누었다. 협상을 위한 모둠은 총 5명으로 남측 2명, 북측 2명, 사회 및 기록자 1명을 두었다.

언어 통일에 활용될 어휘는 학생들이 자유롭게 선택하도록 하되 10단어 정도를 선정하도록 하였다. 각 모둠에서 다양한 어휘들이 선택되고 논쟁도 자유롭게 이루어지도록 했다.

다음에 제시한 어휘는 한 모둠에서 선정한 단어이다.

논쟁 활동	남북한 공용어 정하기			
	남한말	북한말	남북한 공용어	비고
논쟁할 단 어	미풍	가는바람		
	도시락	곽밥		
	주먹밥	줴기밥		
	파마	뽂음머리		
	화장실	위생실		
	단무지	무우겨절임		
	캐러멜	기름사탕		
	우울증	슬픔증		
	공휴일	휴식일		

각 측은 우선 단어 중 어느 쪽 말을 선택할지 결정한다. 예를 들면 남측의 '파마'를 그대로 둘 것인지 북한의 '뽂음머리'로 할 것인지 아니면 두 가지 모두 '혼용'하여 쓸 것인지를 판단한다.

다음으로 상대편과 논쟁을 하게 되는데 논쟁활동은 1차 논쟁, 2차 논쟁, 3차 논쟁을 통해 진행하도록 했다. 1차 논쟁에서는 자신들의 입장을 표명하고, 2차 논쟁에서는 본격 협상에 들어가며, 3차 논쟁에서는 타결되지 않은 문제를 해결하는 단계로 나누어 진행했다.

학생들은 논쟁 활동 중에 입장 표명, 조정, 타협(또는 결렬), 합의 등을 통해 문제를 해결해 나갔다.

논쟁 중 활동에서는 교사의 개입을 최소화하고 학생들의 상호작용에 의해 학습이 이루어질 수 있도록 했다. 학생들은 자기 입장을 표명하고 표명된 입장에 대해 동의하거나 문제를 제기하고 수정 제의를 하면서 상호작용이 활발히 일어났다.

> 보이텔스바흐 수업은 학생들의 능동적인 참여로 이루어지는 자유로운 수업 형태이다. 학생들의 책임감과 자발적인 참여가 없다면, 수업이 제대로 이루어질 수 없다. 학생들의 활동 범위가 확장된 만큼 교사의 역할이 매우 제한된 듯이 보이지만, 성공적인 보이텔스바흐 수업을 위해 교사의 역할은 오히려 강화된다.
>
> 우선 교사는 보이텔스바흐 수업에서 경우에 따라 최소한 소수의 학생들에게 미리 토의 준비를 시킬 필요가 있다. 그래야만 학생 중심의 토의 수업이 산만해지거나 무의미한 말장난 혹은 언쟁으로 끝나버리는 실패를 방지할 수 있다. 또 교사는 논쟁의 중재자로서 활동한다. 개념을 명료화시켜주고, 수시 요약을 해주고, 결론으로 도출된 것을 정리해 주는 것 등이 중재자의 역할이다. 이때 교사가 유념해야 할 것은 논쟁 자체에 대한 개입이 아니라 학생들로 하여금 자발적으로 논쟁에 참여하게끔 유도해야 한다는 점이다.

5 최종 입장 정하기 : 어느 언어를 선택했나요?

3차에 걸친 논쟁 끝에 학생들은 다음과 같이 어휘를 선택하였다.

논쟁 활동	남한 말 선택	북한 말 선택	새로 만들기	둘 다 쓰기
1차 논쟁	주먹밥, 우울증, 파마, 화장실, 단무지	가는바람, 곽밥, 기름사탕, 뽂음머리, 휴식일		
2차 논쟁	주먹밥, 화장실, 우울증	뽂음머리, 가는바람, 휴식일	단무, 사탕껌	곽밥-도시락
3차 논쟁	주먹밥, 화장실, 우울증	뽂음머리, 가는바람, 휴식일	단무, 사탕껌	곽밥-도시락

이를 다시 정리하면 다음과 같다.

논쟁 활동	남북한 공용어 정하기			
	남한말	북한말	남북한 공용어	비고
논쟁한 단어	미풍	가는바람	가는바람	북한말 선택
	도시락	곽밥	곽밥-도시락	둘 다 쓰기
	주먹밥	줴기밥	주먹밥	남한말 선택
	파마	볶음머리	볶음머리	북한말 선택
	화장실	위생실	화장실	남한말 선택
	단무지	무우겨절임	단무	새로 만들기
	캐러멜	기름사탕	사탕껌	새로 만들기
	우울증	슬픔증	우울증	남한말 선택
	공휴일	휴식일	휴식일	북한말 선택

그리고 결정된 내용에 대한 합의서를 작성해 보았다.

합 의 서

1. 남북한 공용어 : 주먹밥, 화장실, 우울증, 볶음머리, 가는바람, 휴식일, 단무, 사탕껌, 곽밥(도시락)
2. 사용 시기 : 20○○년 ○월 ○일 ~ 통일이 될 그날까지
3. 기타 합의
   1) 남북한 공용어를 더 많이 만들고 배운다.
   2) 학생이 중심이 된 남북한 통일 어휘 사전을 편찬한다.
   3) 남북 학생 교류로 수학여행, 홈스테이를 추진한다.

남측과 북측은 남북한 공용어 정하기에 대해 다음과 같이 합의하였습니다.

20○○년 ○월 ○일
남측대표 : 김진   (사인)
북측대표 : 심재호   (사인)

6 실천 의지 다지기 : 남북한 언어의 이질화 극복하기

'실천 의지 다지기'에서는 합의서와 자신의 입장에 따라 학생들이 다음과 같은 일을 스스로 실천해 보기로 정했다.

① 외래어 사용을 자제한다.
- 외래어 사용은 북한의 문화어와 우리 표준어와의 간극을 더 커지게 하기 때문이다.

② 표준어와 문화어의 재사정을 요구한다.
- 이때 말 다듬기도 동질성을 전제로 해야 한다.

③ 남북한 학생들의 문화 교류를 요구한다.
- 문화 교류를 통해 언어의 이질성을 극복할 수 있기 때문이다.

④ 남북한 통일사전을 편찬한다.
- 나중에 국어국문학자가 되어 참여하겠다.

⑤ TV 프로그램을 만들어서 북한말에 친근감을 가질 수 있도록 돕는다.
- 최근 탈북한 사람들이 참여하는 TV 프로그램에서 이 문제를 다루도록 요청한다.

보이텔스바흐 원칙에 따른 논쟁 수업 흐름도

과정	내용
❶ 상황 던지기	▶ 통일이 되면 우리 언어생활에 어떤 문제가 있을까?
❷ 쟁점 찾기	▶ 남북한은 서로 자신의 언어를 버리지 않고 사용하려는 경향이 있어 통일이 되어도 이 차이를 극복하기 어려울 것이다. ▶ 남북한 언어 차이를 극복하는 방안을 생각해 본다.
❸ 입장 드러내기	▶ 남북한 언어 중 어느 한쪽을 취하거나 공동으로 사용할 수 있는 방안에 대해 입장을 정한다. • 남한말을 취하는 경우 • 북한말을 취하는 경우 • 공용으로 사용하는 경우
❹ 논쟁하기	▶ 남한과 북한 학자의 입장이 되어 어느 언어를 취할 것인지 논쟁한다. • 논쟁은 가상 협상법으로 진행한다.
❺ 최종 입장 정하기	▶ 남북한 언어 중 어느 한쪽을 버리거나 취하거나 공동으로 사용하는 쪽으로 입장으로 정한다.
❻ 실천 의지 다지기	▶ 정해진 언어를 함께 사용해 보고 불편한 점은 없는지 살펴본다. ▶ 사용하는 언어에 대한 홍보 활동을 전개한다.

 논쟁 수업에서 교사의 역할

① '상황 던지기'에서

남북한 언어 차이에 대한 교사의 인식은 물론 언어의 이질화에 대해 다양한 각도에서 연구가 진행된 상태에서 1차시 수업을 준비해야 한다. 1차시 수업을 위해서는 사전에 다양한 자료를 수집하고 학습지를 제작하는 등 분주할 수밖에 없다. 학생들에게 사전 조사는 물론 토의 학습에 대한 기대감을 불러일으키는 것도 중요하다. 남북한 언어의 이질화에 대한 다양한 자료 중 학생들이 꼭 알아야 할 부분이 어느 정도인지도 한계를 정해야 한다.

남북한 언어의 이질화는 추상적인 것이 아니라 앞으로 가속화될 것이며 교류가 빈번해지면서 더 큰 문제로 떠오르게 될 거라는 점을 주지시킬 필요가 있다. 그리고 이것은 남한과 북한이 공동으로 해결해야 할 일임을 알려준다. 문법적 측면보다는 전체적인 면에서 이질화의 심각성을 알리는 데 초점을 두고 지도한다.

인터넷 사이트 에듀넷에 소개된 자료나 드라마, 영화 등을 함께 활용하면 좋을 듯하다.

② '쟁점 찾기'에서

토의 장소를 달리할 수 있도록 준비한다. 패널 토의는 교직원 회의실이 적합하다. 마이크 시설 등이 되어 있어 이를 활용하면 좋을 것이다. 모둠 토의를 위한 사회자(기록자)는 따로 불러 쟁점이 무엇인지 어떤 내용을 토의할지를 사전에 지도하는 것이 좋다.

패널 토의에서는 마이크를 꼭 활용한다. 학생에 따라 억양이 달라서 전달이 어려울 수 있기 때문이다. 교사는 청중에게 평가표를 나누어 주어 어느 패널이 역할에 충실한지를 평가하게 함으로써 토의에 적극 참여하도록 유도한다.

패널의 철저한 준비가 필요하다. 패널이 머뭇거리거나 읽는 듯이 하면 토의가 매우 지루할 수 있다.

③ '논쟁하기'에서

논쟁의 중요성을 일깨워 주기 위한 학습이 별도로 필요하다. 논쟁이 왜 필요하고 얻을 수 있는 것은 무엇인지 자세히 안내해 주어야 한다. 모둠별 사회자 겸 중재의 역할에 대한 안내도 필요하다.

논쟁 과정에서 소란스럽거나 장난스럽게 임하는 학생들이 무척 많았다. 이런 학생들에 대한 주의나 통제가 필요하다. 그러나 지나치게 통제하면 자유로운 사고를 할 수 없기 때문에 격려나 동료 평가 등이 있음을 주지시켜 참여를 유도한다.

논쟁 과정에서 근거를 충분히 마련하지 못하고 기분에 따라 정하는 경우가 있다. 이런 학생들이 발생하지 않도록 사전에 주의를 시킬 필요가 있고, 자신의 결정이 앞으로의 언어생활에 영향을 미칠 수 있다는 생각으로 활동에 임하도록 지도한다.

논쟁 활동은 소란스러운 가운데서도 원만히 이루어졌다. 그런데 기록 내용이 부실한 경우가 많았다. 이를 위해서는 모둠별로 기록하는 사람이나 사회자를 기록하는 사람으로 역할을 정할 필요가 있다.

논쟁은 모두 같은 시간에 끝나지 않는 경우가 많다. 다 끝난 학생들은 협상 결과를 기록해 보고 조별 상호평가 등을 실시하도록 한다.

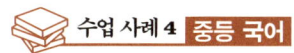
수업 사례 4 중등 국어

BTS와 춤을

배수아 (인천광역시교육청 장학사)

고등학교 학생들과 논쟁 수업을 할 때 가장 중요한 것은 학생들의 흥미를 어떻게 이끌어내느냐에 있다. 학생들이 관심 있어 하는 논쟁거리를 찾고 그 상황에 학생들이 어떤 관심을 보이느냐에 수업의 성패가 결정된다.

학생들이 관심을 보일 만한 논쟁거리를 찾던 중 재미있는 기사가 눈에 들어왔다. '2018 멜론뮤직어워드'에서 방탄소년단이 선보여 화제가 된 삼고무가 '문화유산 사유화' 논란으로 진통을 겪고 있다는 기사였다. 2018년 우봉 이매방(1927~2015)의 유족이 삼고무와 오고무, 대감놀이와 장검무 등 4가지 춤을 저작권 등록하고 각종 단체와 학교에 공연과 강습을 제한하는 내용증명을 보내는 등 권리행사에 들어가자, 이매방의 제자들로 구성된 우봉이매방춤보존회는 "당대 춤꾼들이 삼고무를 함께 만들었으며 전통무용은 공동저작으로 봐야" 하는데 유족이 "문화유산을 사유화하려고 한다"며 강력하게 반발하고 있다는 것이다.

'2018 멜론뮤직어워드'에서 BTS가 선보인 '전통춤 퍼포먼스가 창작물일까, 문화유산일까'를 다룬 기사를 보면서 보이텔스바흐 수업을 계획하게 되었다. 학생들이 흥미를 갖기에 적절한 주제인 데다 쟁점 사항이 명확하게 나뉘므로 논쟁 수업을 하기에 적절하다는 판단이 들었다.

 전통 춤 퍼포먼스가 창작물일까, 문화유산일까?

① 상황 던지기 : BTS 공연과 전통 춤 비교

보이텔스바흐 원칙 중 하나는 강제성의 금지이다. 학생 스스로 독립적으로 판단할 수 있도록 지원하기 위해 학생들이 관심을 가질 수 있는 기사 내용을 먼저 선별하였다.

학생들에게 먼저 '멜론뮤직어워드' 뮤직비디오를 보여주었다. "멜론뮤직어워드에서 전통 춤을 응용한 BTS 공연을 한 번 볼까요?"라고 말하자 학생들은 많은 관심을 보였다. 제이홉의 삼고무로 시작해 지민의 부채춤, 정국의 봉산탈춤과 북청사자놀음으로 이어지는 퍼포먼스에서 삼고무와 오고무는 수십 명의 무용수가 양옆과 뒤편의 북 세 개나 다섯 개를 일사불란하게 두드리는 군무의 화려함이 눈길을 끌었다. 이에 우리나라뿐 아니라 전 세계 관중들은 크게 환호하였다. 학생들 또한 감탄의 눈으로 공연을 보았으며 신나는 음악과 어우러지는 화

려한 퍼포먼스가 우리 전통 춤이라는 것에 신기해하였다. 이어서 삼고무와 오고무에 대해 설명하고 이해를 돕기 위해 이매방의 춤 동영상을 보여주었다.

공연 영상을 보여준 후 이번에는 앞서 언급했던 관련 기사를 보여주었다. 신문 기사를 통해 논쟁 상황을 구체적으로 던져주었다.

2 쟁점 찾기 : 기사에서 쟁점 찾기

상황을 던져준 후 학생들이 논쟁에 앞서 '쟁점 찾기'를 하게 하였다. 보이텔스바흐 원칙을 적용한 수업을 할 때마다 느끼는 건데 쟁점을 찾는 일은 매우 중요하며 수업의 물꼬를 트는 일과도 같다. 쟁점을 잘못 찾으면 배가 산으로 가기 때문이다.

이때 가장 중요한 건 교사의 개입을 최소화하는 것이다. 학생들이 쟁점을 찾는 과정에서 교사가 의견을 주입하여 학생 스스로 사고하고 판단하는 것을 방해해서는 안 되기 때문이다.

학생들의 대답을 기다리는 순간은 교사 입장에서는 지루하기도 하고 어떻게 해야 할지 막막해지는 때이기도 하다. 그리고 학생들이 교사에게 질문할 때 대답을 해주지 말고 학생들이 답을 찾을 수 있도록 전체 질문으로 되돌리는 과정도 필요하다. 학생이 교사에게 한 질문을 학생들이 답할 수 있게 질문을 학생들에게 되돌리는 과정을 거쳐 학생 스스로 자신의 견해를 가질 수 있도록 해야 한다. 교사의 대답보다는 학생들과 함께 고민할 수 있도록 공론화하는 과정을 통해 창의적이고 다양한 생각들을 이끌어 낼 수 있다.

다행히 평소 발표에 적극적인 태준이가 쟁점을 찾아 말하였다.

"BTS의 공연은 한국의 전통을 홍보하는 큰 역할을 하였습니다. 하지만 이 춤을 창작물로 본다면 이 춤을 처음 만든 이매방 유족들에게 저작권을 주어야 합니다. 이 춤을 개인 창작물로 볼 것인지 문화유산으로 볼 것인지에 대하여 토론을 해보았으면 합니다. 즉 개인의 소유물인가 다수를 위한 공유물인가에 대한 입장을 정리하였으면 합니다."

역시 학생들은 교사의 생각을 넘어선다는 것을 매번 느끼게 된다. 그동안 토론 수업을 통해 학생들이 자신의 의견을 논리적으로 표현하는 모습을 보고 속으로 흐뭇했다. 사실 저작권 문제에 관한 쟁점만 나올 줄 알았는데 "개인의 소유물인가? 다수를 위한 공유물인가?"에 대한 입장 정리라니, 허를 찌르는 쟁점 정리였다.

❸ 입장 드러내기 : 자신의 이해관계를 생각하기

학생들의 의견을 모아서 삼고무와 오고무를 개인 창작물로 봐야 한다는 팀과 문화유산으로 봐야 한다는 팀으로 나누었다. 결과는 4대 6, 문화유산으로 봐야 한다는 입장이 약간 우세했다. 학생들은 삼고무와 오고무를 문화유산으로 보고 누구나 활용 가능한 공유물이라고 생각하는 입장이 더 많았다.

논쟁에 앞서 각자 입장을 정리하고 태블릿 컴퓨터 등을 활용해 주장에 대한 근거를 찾을 시간을 주었다. 팀을 나누어 모둠별로 앉았고 짝끼리 우선 토론하는 시간을 가졌다. 평소 'ㄷ'자형 모둠으로 수업을 진행해와서 학생들이 쉽게 자리 배치를 할 수 있었다. 학생들에게 먼저 정보를 찾을 수 있는 자료를 안내하고 논쟁에 대한 상대방 질문을 예상하여 답변을 찾을 수 있도록 하였다.

학생들은 저작권에 대한 정의와 다른 나라의 사례를 찾아보고 삼고무와 오고무의 역사를 공부하는 한편 이매방 선생님의 춤 영상을 찾아 분석하는 등 직접 자료를 조사하며 쟁점에 따른 주장을 정리하고 논쟁을 시작하였다.

4 논쟁하기 : 모두 참여하는 자유로운 토론 수업

문화유산으로서 삼고무를 공공재로 봐야 한다는 팀에서 먼저 주장을 펼쳤다. 평소 자신의 생각을 논리적으로 말하고 상대방의 의견에 질문하고 함께 고민하는 것을 좋아하며 친구들과 수업이 끝나고도 남아서 토론하는 것을 즐겨하던 동주가 논쟁 수업의 물꼬를 터주었다.

> "저는 삼고무에 대한 순수 창작물 인정과 저작권 등록에 반대합니다. 삼고무를 이매방 선생님이 최초로 창작했는지 의문입니다. 삼고무가 이매방 선생님이 초기에 창작한 모습 그대로인지를 판단해야 합니다."

학생들은 동주의 말에 수긍했다. 왜 초기의 춤이 그대로여야 하는지 묻는 질문이 나오자 잠시 주춤하는 기색을 보이던 동주가 다시 자신 있는 목소리로 대답했다.

> "춤이 변형된다면 그건 창작춤이 될 수 있기 때문입니다. 저작물이란 인간의 사상 또는 감정을 표현한 창작물이라고 합니다. 여기서 중요한 사항은 창작성의 유무를 가리는 것입니다. 전통춤에 어느 정도의 창작

성이 가미되었을 때 저작권을 주장할 수 있는지가 핵심사항이라고 생각합니다."

이에 대해 태준이가 덧붙여 말하였다.

"사실 삼고무의 원형은 고려 시대에서도 찾아볼 수 있기 때문에 삼고무 자체를 이매방 선생님이 최초로 창작했다고 볼 수 없습니다. 삼고무와 오고무가 독무인 전통춤 승무를 응용했기 때문입니다. 그러므로 삼고무와 오고무의 저작권을 인정하는 것은 전통춤을 응용한 점을 무시한 판단이라고 생각합니다."

학생들도 태준이의 그럴듯한 의견에 대체로 수긍하는 분위기였다. 이때 자료 조사 단계에서 저작권에 관해 깊이 파고들었던 영재가 반박하며 말하였다.

"전통춤 저작권 등록의 근본적인 문제는 전통예술계의 전수자 제도와 모순된다는 점입니다. 스승과 제자 간의 1대 1 도제식 전승체계에서는 작품비를 내야 합니다. 이는 대학교 입시에서도 해당합니다. 작품비를 내고 가르침을 받아야 하는 게 통설이기 때문에 작품비를 내고 공연을 하고 있는 실정입니다. 그렇기에 저작권 보호와 그에 대한 비용을 지급해야 합니다."

그러자 해찬이가 반론을 제기했다.

"삼고무는 귀중한 무형 문화유산이지 않습니까? 저작권 등록은 전통문화를 개인적인 이익을 목적으로 사유화하려는 시도이기 때문에 적합하지 않습니다."

학생들 사이에서 질문과 답변의 공방이 활발히 진행되었다.

"한 편의 무용 작품을 어느 안무가가 창작했다고 해도 그 작품 전체에 대해서 저작권이 인정되지는 않습니다. 작품 안에는 전통적으로 전해 내려오는, 누구나 사용하는 동작도 포함돼 있기 때문입니다. 이런 동작에 대해서는 저작권이 인정되지 않습니다. 만약 저작권이 인정된다면 춤 동작 하나하나에 저작권 여부를 확인하며 춤을 창작해야 하고 이것은 사실상 불가능하다고 봅니다."

"만약 저작권이 인정된다면 이매방 선생님이 직접 창작한 삼고무 동작에 한해서만 인정해야 합니다."

"어떤 춤동작이 저작권으로 인정되는 해당 춤인지 가려내기가 쉬울까요?"

"네, 물론 힘들겠지만 하나하나 가려야 합니다."

"가령 BTS가 공연한 춤이 이매방 선생님의 저작권을 침해한 것인지 판단하려면 그 춤이 전통적으로 전해 내려오는 동작이었는지, 이매방 선생님이 창작한 동작과 동일한 것이었는지, 아니면 BTS가 새롭게 창작한 것이었는지 등을 하나하나 따져보아야 한다는 말씀인가요?"

"무용의 저작권을 판정하는 것은 쉬운 일이 아닙니다. 계량화된 수치로 표절을 판정하는 음악이나 소설, 수필, 시와는 달리 무용은 수치보다는 전체 분위기를 보고 판단해야 합니다."

"그렇다면 이매방 선생님이 창작한 삼고무와 오고무는 어떻게 등록했나요?"

"제가 알기로는 이매방 선생님이 추는 춤을 촬영하여 동작과 순서 기록 영상을 제출해 저작권으로 등록하였다고 합니다."

"그럼 북의 개수를 저작권 등록한 것이 아니라 동작과 순서를 등록했으니 누구든 변형시켜 자신의 삼고무와 오고무를 등록하면 되나요?"

"현행법은 삼고무 등록이 가능하기 때문에 사소한 변형이 아닌 창조성을 반영하는 등록 기준을 세우려면 전문가들이 창의적 아이디어를 판단하는 절차가 필요합니다."

"창작은 남의 저작물을 이용해 변화시켜 갈 수 있습니다. 그 이용이 어느 한도까지 가능한지 춤에서 결정하기가 쉽지 않을 것 같습니다."

"저작권의 영역 설정이 어려운 것 같습니다. 창작자 권리를 내세워 저작권 영역을 넓게 잡으면 오히려 창작 활동이 위축될 소지도 있습니다. 전통춤의 저작권 보호 때문에 악영향이 나타날 수 있습니다. 새로운 저작물이 나타나지 않고 전통문화가 없어질 것입니다."

"오고무가 미래 유산으로 보존 전승이 안 된다면 돌아가신 이매방 선생님도 좋아하지 않으실 겁니다."

마지막 민혁이의 말에 모두 빵 터지듯 웃었다. 보이텔스바흐 원칙을 적용한 수업은 늘 논쟁이 치열하게 이루어져 긴장된 분위기로 흐를 때가 많다. 민혁이의 솔직한 발언 덕분에 논쟁으로 팽팽하던 교실에서의 긴장감이 한결 누그러진 가운데 학생들은 논쟁을 이어갔다.

"저작권 등록의 목적은 원형 보존과 원작자 명시입니다. 하지만 돈 문제가 불거지면서 보존회 측은 영리 추구를 목적으로 하고 있는 것 같습니다."

"제가 조사한 바에 따르면 보존회 측에서 '향연' 공연 측에 전통춤인 오고무를 활용한 대가로 총 900만 원의 저작권료를 청구한 것으로 알고 있습니다."

"향연 공연 측에서는 창작임을 증명하면 저작권료를 지급하겠다고 했습니다. 이에 보존회 측에서는 향연의 프로그램 책자에 원작자를 명기해달라고 요청했을 뿐 영리 추구를 한 적이 없다고 주장하고 있습니다."

"제가 조사한 바로는 공연물 저작권 등록제가 없는 나라도 많습니다."

"저작권 침해 여부를 따지기 전에 생각해야 할 사항이 있습니다. 저작권법의 목적 규정입니다. 우리 저작권법에서는 저작권법의 궁극적인 목적이 '문화 및 관련 산업의 향상 발전에 이바지하는 것'이라고 명시하고 있습니다. 여기에서 두 가지를 말씀드리고 싶습니다. 첫째, 저작권을 주장하는 것이 문화의 향상과 발전에 이바지하는 것인지와 둘째, 우리의 전통에서 비롯된 춤을 활용하는 것이 저작권인지에 대한 의문입니다."

"사실 무용의 저작권 기준은 모호합니다. 삼고무를 변형시키면 등록이 가능하기 때문입니다."

"BTS가 삼고무를 공연한 것이 어떻게 보면 삼고무를 알리기 위한 홍보였다고 생각할 수 있습니다. 오히려 홍보비를 주어야 하지 않나요?"

"그렇다고 해서 삼고무를 누구나 공연하도록 허용할 수 없습니다. 만약 허용한다면 저작권을 가진 아트컴퍼니에 대한 배려도 필요합니다."

학생들의 열띤 토론이 끝나고 최종 입장을 정할 시간이 돌아왔다. 보이텔스바흐 수업은 깊이 있는 토론이 가능하다는 것이 장점이기도 하지만, 언제 끝을 내야 할지 모호해지는 경우가 많다. 정말 이럴 때는 하룻밤을 새우는 밤샘 토론이 가능한 수업이 있었으면 하는 생각이 들기도 한다.

5 최종 입장 정하기 : 논쟁을 통해 성장하는 사고력

논쟁을 마무리하면서 최종 입장을 정하기 전에 학생들에게 마지막 주장을 펼칠 기회를 한 번 더 주었다.

"우리가 최소 합의를 할 수 있는 점을 찾을 수 있을까요? 어떻게 하는 것이 문화의 향상과 발전에 이바지할 것인지에 대한 합의를 내려볼까요? 아니면 더 깊은 논쟁을 해도 상관없습니다."

학생들이 여기저기서 할 말이 더 많다고 손을 들기도 하고 아쉬워했다. 창작물로 보호받아야 한다는 입장의 기민이가 자신의 생각을 밝혔다.

"창작 근거가 명확하지 않은 오래된 춤인 것이 문제지만, 그렇다고 해서 저작권을 없앨 수 없습니다. 최근 저작권에 대한 여러 가지 사안들이 발생하는 것을 볼 때, 저작권 등록 문화가 정착될 필요가 있다고 봅니다."

다음으로 저작권으로 등록하면 안 된다는 입장을 대표해 민준이가 손을 들어 발표했다.

"오고무와 삼고무는 전통을 기반으로 한 춤이기 때문에 저작권으로 등록하는 것보다 많은 무용인이 전승하고 널리 알려야 합니다."

학생들은 논쟁 수업을 통해 자신의 입장을 논리적으로 한층 견고히 만들어가는 분위기였다.

이때 해찬이가 손을 들었다.

"처음에는 귀중한 문화유산인 삼고무를 저작권 등록하면 전통문화를 개인의 이익 아래 두는 것이라고 생각했지만 오늘 토론을 통해 저작권 등록 목적이 원형 보존과 원작자 명시를 통해 전통을 더 지켜갈 수 있다는 생각을 받아들이게 되었습니다. 그래서 저작권료를 지급했던 사례도 개인의 이익보다는 그 춤에 대한 존중을 보여주는 것이라는 생각이 들었습니다."

해찬이의 경우처럼 논쟁을 통해 최종 입장을 정할 때 처음 입장과 달라진 경우도 있었다. 논쟁 후 자신의 의견이 더 확고해질 수도 있고 해찬이처럼 얼마든지 입장이 바뀔 수 있다는 것은 보이텔스바흐 수업이 가진 장점 중 하나이다.

6 실천 의지 다지기 : 행동하는 민주시민으로

'실천 의지 다지기'는 논쟁 후 학생들의 정치적 행위 능력을 강화하는 활동으로 이어질 수 있다. 가령 캠페인 활동이나 청와대 청원 게시판에 자신의 의견을 쓸 수도 있고 이를 보고서로 작성하거나 신문사에 기고할 수도 있다. 이 수업을 통해 얻은 것을 학생들에게 어떻게 실천하게 할 수 있을까? 머리만 민주시민이 아니라 행동하는 민주시민으로 바꾸고 싶었다. 고민 끝에 학생들에게 제시한 활동은 다음과 같다.

1) 우리 전통문화인 삼고무의 발전을 위한 방안 보고서 작성
2) 전통문화 창작 방안에 관한 논문 찾아 요약해오기

학생들은 치열하게 논쟁을 하고 난 후라 그런지 다른 내용의 보고서나 논문을 찾아 비교하며 요약해오는 데 관심을 보이고 성실하게 참여하였다. 또한 이러한 활동을 통해 우리 전통문화에 대한 의미를 되새기고 탐구할 수 있는 시간이 된 것 같아 뿌듯해했다.

이렇게 처음부터 끝까지 수업을 체계적으로 진행할 수 있는 보이텔스바흐 수업은 학생들이 쟁점을 찾고 실천 의지를 다지는 경험을 통해 학생 스스로 삶의 힘이 자라고 있음을 느끼게 해준다. 학생들과 함께 미래를 상상하게 하는 수업이 보이텔스바흐 수업이라고 생각한다.

보이텔스바흐 원칙에 따른 논쟁 수업 흐름도

과정	내용
❶ 상황 던지기	▶ 전통춤은 창작물일까, 문화유산일까? • 전통춤에 대한 배경지식 쌓기 • BTS 공연을 보며 비교하기
❷ 쟁점 찾기	▶ 전통춤에 대한 쟁점 사항 • 문화유산으로 보아야 한다. • 창작물로 보아야 한다.
❸ 입장 드러내기	▶ 문화유산 vs. 창작물 입장 정하기 • 당사자들의 이해관계 고민하기 • 자신의 입장과 근거 정리하기
❹ 논쟁하기	▶ 문화유산 측 vs. 창작물 측 논쟁 시작 • 양측 주장(입론) • 교차 질문 • 반론 및 최종 발언
❺ 최종 입장 정하기	▶ 최종 입장 발표 • 문화유산 측, 창작물 측 입장
❻ 실천 의지 다지기	▶ 삼고무의 발전을 위한 방안 보고서 작성 ▶ 전통문화 창작 방안에 관한 논문 찾아 요약해오기

 **실패한 경험도 소중한 교육이다**

학교에서 주제의 제한 없이 수업할 수 있는 교실을 상상해 보았다. 아직 우리나라 현실은 교사가 교실에서 민감한 주제에 대해 수업을 온전하게 펼칠 수 있는 형편이 아니다. 이에 대해 여러 가지 고민이 많지만 독일의 교육 지침인 보이텔스바흐 원칙은 우리에게 또 다른 교육의 방향을 이끌어주는 나침반과 같다.

이 수업을 하면서 아직은 온전하지 않지만 학생들이 통통 튀는 아이디어는 물론 열린 사고를 가지고 있다는 것을 알게 되었다.

더불어 학교가 열린 사고의 안전지대가 되어 준다면 학생들이 치열한 논쟁을 통하여 직접적으로 문제를 해결해 보고 이것이 사회적 실천으로 이어져 공감하고 행동하는 세상을 만들어내는 데 학생이 앞장설 수 있을 것이다. 더 나아가 교육이 학생들의 색깔을 살려냄으로써 학교가 속한 지역 생태계를 변화시킬 것이다.

보이텔스바흐 원칙을 적용한 논쟁 수업은 학생들에게 실제적인 현재의 삶과 관련된 주제로 흥미를 유발할 수 있다. 또한 문제 해결을 위한 치열한 논쟁이 이루어지기 때문에 자신이 생각한 바를 정확히 전달하기 위해 고민하며 말하게 된다. 이러한 과정을 통해 학생들이 현실의 삶에 관심을 가지게 되고 적극적인 실천으로 이어져 민주시민으로 자랄 수 있는 기반이 될 수 있다.

보이텔스바흐 수업을 하면서 학생들이 함께 문제를 발견하고 논쟁하고 해결할 수 있는 아이디어를 내어 실제로 행동하며 이를 공유하는 과정이 꼭 성공적이지 않아도 된다는 것을 깨달았다. 논쟁 수업을 통해 이끌어낸 실천들이 실패한 경험의 공유도 다른 사람에게는 시행착오를 줄일 수 있는 기회가 되기 때문이다.

    보이텔스바흐 원칙을 수업에 적용한 우리의 이러한 노력이 지금은 시작에 불과하지만 실천의 불씨가 되어 교육의 큰 담론으로 자리 잡기를 기대해 본다.

수업 사례 5 **중등 사회**

우리 사회는
양성이 평등한가?

장준철(동인천고등학교 교사)

 **사회과 논쟁 문제 학습의 전통**

논쟁 문제 학습은 사회과 교수-학습 모델에서 중요한 위치를 차지하고 있었으며, 오랜 시간 학습자의 정의적, 인지적 능력을 향상시키고 민주 시민으로서의 기본 역량 함양에 결정적인 역할을 할 수 있다고 검증된 교수-학습 형태이다.

사회적으로 찬성과 반대의 의견이 나뉘어 있고, 그 결정이 개인에게 영향을 주는 데 그치지 않고 사회의 다수와 관련되어 있으며, 여러 개의 선택 가능한 대안 중에서 어느 하나를 결정해야 하는 문제를 논쟁 문제controversial issues 또는 공공 문제public issues라고 한다. 논쟁 문제 학습이란 이러한 논쟁 문제를 교육 내용으로 도입하여 해결 방안을 모색하는 과정을 통하여 사회과의 중요 개념과 기능 그리고 민주주의적 가치를 습득하도록 계획된 교수-학습 모형이라고 할 수 있다.[5] 논쟁 문제 학습은 사회과에서 추구하는 중요 목표를 달성하게 해주는 적절한 모형으로 인정받고 있으며, 현재도 실제 학교 현장에서 활발하게 적용되고 있다.

보이텔스바흐 원칙을 적용한 논쟁 문제 수업

보이텔스바흐 원칙은 사회과 교수-학습과 관련되어 논의되고 구성되었다고 볼 수 있다. 이는 논쟁 문제 수업이 기존의 가치를 지나치게 옹호하고 학습자의 자유로운 사고를 제한한다는 비판을 어느 정도 극복하게 해줄 것으로 기대된다. 보이텔스바흐 원칙은 정해진 기준이나 교사가 제시하는 바람직한 가치가 존재하는 것이 아니라 주어진 문제에 대해 학습자 스스로 입장을 정리한 후 다른 입장을 가진 학습자와 충분한 상호 작용을 통해서 합의를 도출하게 한다. 논쟁 문제 학습의 전통적 모형보다는 단순하고 간편하여 실제 학습에 적용하기도 수월하다. 또한 학습자의 정의적 능력을 증진시키도록 장기간에 걸쳐 간편한 방식으로 지속적 실시가 가능하다는 장점도 있다.

사회과의 전통적 논쟁 문제 학습 모형에서 보이텔스바흐 원칙을 적용한 일부분을 간단하게 고안하여 교수-학습 모형을 적용하는 것은 의미가 있다고 생각한다. 사회과의 전통적 논쟁 문제 학습의 목표와 취지를 그대로 반영하면서 보이텔스바흐 합의를 적용하면 보다 수월하면서 간편한 학습 경험이 이루어질 수 있을 것이다.

최근에 가장 관심이 집중된 주제를 하나 선정하여 자신의 입장을

---

5 논쟁 문제 학습은 올리버^{Donald W. Oliver}와 쉐이버^{James P. Shaver}가 현장에 적용하면서 지속적으로 수정과 보완을 거쳐 실제 학습에 활발히 적용되는 사회과 교수-학습 모형 중 하나이다. 올리버와 쉐이버가 고안한 모형 이외에 하버드 모형도 있고, 닐슨, 마이클스, 웰링턴 등 다양한 연구팀이나 학자들이 나름의 모델을 개발하여 풍부한 교수-학습 운영의 경험을 보여주고 있다.

정하고 다른 학습자와 토론과 합의가 가능하도록 일련의 과정을 구성하는 일이 가장 중요하다.

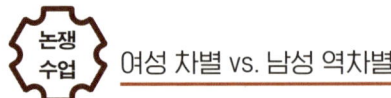 여성 차별 vs. 남성 역차별

① 상황 던지기 : 사회적 이슈에 관한 공감대 형성

최근에 관심이 높은 주제를 하나 선정하여 수업 시작 전에 화두로 던져본다. 양성 평등과 관련된 주제는 최근에 미투 운동, 페미니스트 운동의 활성화, 남성의 역차별 주장 등으로 인해 청소년층에서도 다양한 논의가 이루어지고 있는 화두이다. 단일한 성으로 구성된 학교나 양성으로 구성된 학교 모두에서 충분히 관심을 끌고 진행이 가능한 주제이다. 현재 근무 중인 학교는 남자 고등학교임에도 이 주제에 대한 학생들의 관심이 상당히 뜨거웠다. 일련의 사건이나 보도를 접하면서 우리 사회가 정말 남성 중심과 남성 우위의 사회인지에 대해, 그리고 남성은 과연 차별을 받지 않고 있는지에 대한 의문이 복합적으로 작용한 것 같아 보였다.

교사 오늘은 우리 사회가 과연 양성 평등한 사회인지 아니면 여성 혹은 남성 중 한 성에 대한 차별이 여전히 존재하는 사회인지에 대해 토론해 볼까 해요.
학생1 저도 평소에 궁금했어요! 진짜 우리나라에서 여자들이 살기 그렇게 힘든가요?

학생2 저는 우리나라에서 오히려 남자가 살아가기 힘들다고 생각해요! 무슨 일만 터지면 남자 탓이잖아요.
학생3 그런데 우리 누나나 어머니를 보면 아직 한국에서 여자로서 살아가는 게 쉽지는 않아 보여요.
교사 이런 다양한 생각들이 있기 때문에 과연 우리나라 사회는 어느 쪽이 차별을 더 받고 있는지 우리끼리라도 제대로 생각해 보고 토론해 보자는 거예요.
학생들 좋아요! 재미있을 것 같아요.
교사 단순하게 편을 나누어서 검증되지 않은 이야기를 나누는 것이 아니라 선생님이 준비해 온 다양한 자료를 검토해 보고, 여러분들의 처음 입장과 분석과 토론을 거쳐서 최종 입장을 정해 보는 경험을 할 거예요.

단순 난상 토론도 의미 있는 학습이겠으나, 보이텔스바흐 원칙이 제대로 적용되기 위해서는 학습자에게 일정한 근거 자료를 제공하고 합리적 사유가 가능하도록 유도할 필요가 있어 보였다. 또한 특정 입장에 집중되거나 특정 입장의 논리가 지나치게 강조될 위험이 있기 때문에 객관적인 자료를 제시하고 각자 생각할 시간을 주는 것이 필요해 보였다.

❷ 쟁점 찾기 : 정보 분석과 쟁점 부각시키기

현재 우리나라 사회에서 여성이 받는 차별이 여전히 심한지 여부와 오히려 여성에 대한 우대 정책으로 남성이 역차별을 받고 있는지 여부를 판단하도록 신문 기사 및 관련 통계 자료를 제시할 필요가 있어 보였다.

양성평등과 관련한 최근의 기사를 검색하고 관련 통계 자료를 모아서 학생들이 가장 이해하기 쉽고 직관적으로 분석하기 쉽도록 10가지를 추려 정리하였다. 이것을 전체 학생들에게 제시한 뒤 각 자료를 나름대로 분석하고 이해하는 시간을 주었다. 그 이후 자신의 입장을 선택하도록 하였다. 다음은 수업 시간에 제시한 10가지 쟁점 관련 신문 및 통계 자료의 예시이다.

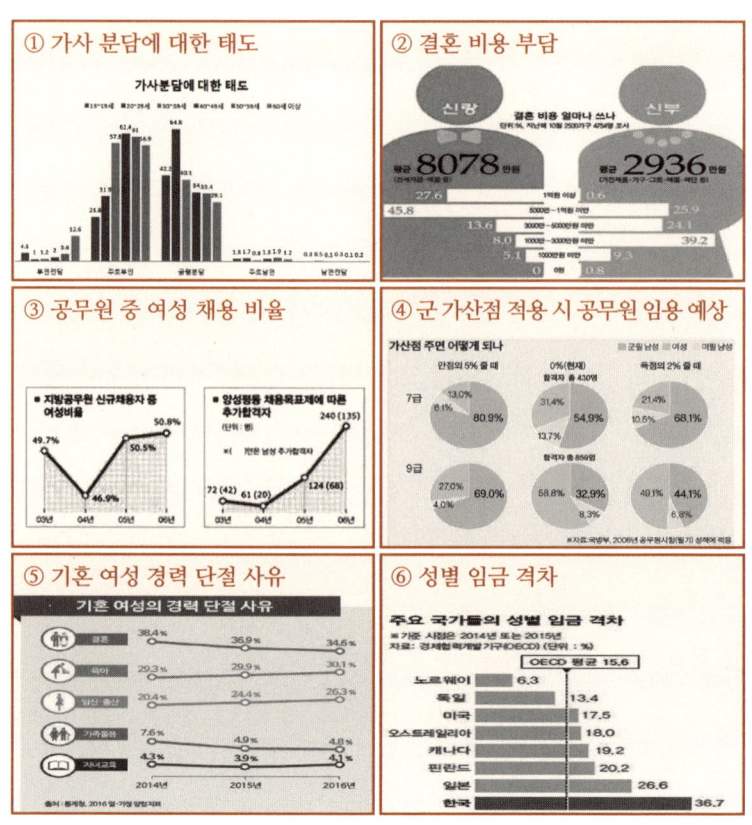

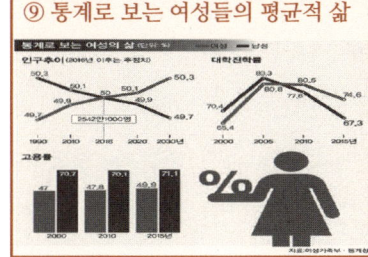
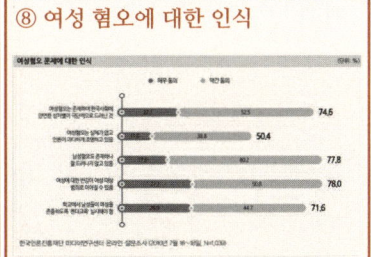
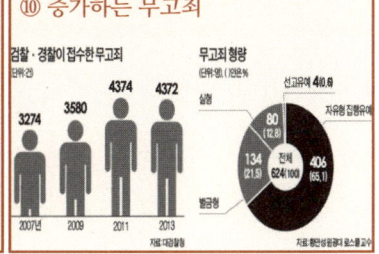

자료 출처

① 가사 분담에 대한 실태 조사 (2010 사회조사 – 통계청)

② 결혼 비용 얼마나 쓰나 (2012 여성가족부)

③ 여성 공무원 임용 자료 (2010 인사혁신처 보도자료)

④ 군가산점 도입에 대한 실태 조사 (2006 국방부 자료)

⑤ 일 가정 양립 지표 (2016 통계청)

⑥ OECD 중 한국 여성 임금 격차 꼴찌 (2016. 3. 8. 한겨레 보도)

⑦ 양성 평등 임용 목표제… 남성도 덕 봤다 (2007. 6. 8. 동아일보 보도)

⑧ 여성 혐오 심각해…(2016. 7. 27. 여성신문 보도)

⑨ 2016 통계로 보는 여성의 삶(2017 여성가족부–통계청)

⑩ 아니면 말고, 무고 사범 갈수록 는다.(2015. 7. 5. 한국경제신문 보도)

학생들은 자료를 꼼꼼히 살펴본 후 '여성에 대한 차별이 여전히 심하다'는 입장(찬성 팀)과 '그렇지 않다. 오히려 여성 우대 정책으로 남성이 역차별을 받고 있다'는 입장(반대 팀) 가운데 한쪽을 자유롭게 선택했다. 남자 고등학교라는 특성상 남자가 역차별을 받고 있다는 쪽에 많이 몰릴 것이라고 생각했으나 다행히 두 입장 간 차이는 그렇게 크지 않았다. '여성에 대한 차별이 여전히 심하다'는 입장이 10명, '남성이 역차별을 받고 있다'는 입장이 15명으로 약 4대 6 정도의 비율을 보였는데 모든 학생이 발언할 수는 없다는 현실적인 문제를 고려하여 찬반 비율을 더 조정하지는 않았다.

같은 입장끼리 왼쪽과 오른쪽으로 나누어 앉은 학생들은 다양한 이야기를 나누기 시작했다. 어느 정도 가치관과 관점이 맞는 사람끼리 모이면 대화가 수월해진다는 사실을 증명하는 듯 매우 자연스러웠다. 단순 토론에 그치지 않고 찬반 토론을 하기 위해 대표자-반박자-재반박자 역할을 할 대표 3인을 선정하고, 자유 발언이나 질문은 제한을 두지 않았다.

보이텔스바흐 원칙을 반영하는 것을 잊지 않기 위해서 지도안의 세부 사항에 '자율성을 훼손하는 제한 기준 만들지 않기', '학생들의 관점과 가치관에 영향을 주는 교사의 언급 자제'를 기록해 두고 유념하고 있었다. 입장을 확정하고 대표자를 뽑는 과정을 거쳐 실전 토론에 임하게 되자 학생들의 흥미는 매우 높아진 상태가 되었다. 본격적인 대결이 시작되기 전부터 분위기가 달아오르고 있었다.

❸ 입장 드러내기 : 상호 의견 청취와 자율적 결정

입장별로 모여 앉은 학생들은 돌아가며 한 차례씩 발언 기회를 가짐으로써 서로의 생각을 확인하는 시간을 가졌다. 순회하면서 귀 기울여 들어보니 상당히 의미 있는 발언들이 들렸고 이들은 그들의 입장에서 대표자로 선정되었다.

남성들이 역차별을 받고 있다고 생각하는 주장들은 여성 우대 정책으로 인해 받는 남성들의 역차별 상황, 우리나라 사회에서 군 복무를 비롯한 남성이기 때문에 감내해야 하는 국가적, 개인적 의무 사항들에 대한 논의가 이루어졌다.

반대 팀

"나는 '공무원 중 여성 채용 비율'과 '양성 평등 임용 목표제'에 관한 자료들에 특히 주목했어. 여성들이 차별을 받고 있다고 주장해서 양성평등에 입각한 여성 우대 정책을 쓰니까, 공무원 임용에서 여성의 비율이 압도적으로 높아지고 있어. 역차별의 분명한 증거지."

"우리나라 사회에서 남자가 의무병으로 군 복무를 하는 상황도 중요하게 봐야 해. 군 복무를 하는 동안 여성들은 사회 진출의 준비를 할 수 있고 더 유리한 위치에 있는데도 차별이라고 주장하고 있기 때문이야."

여성에 대한 차별이 여전하다고 생각하는 입장에서는 가족 중에서 여성들이 실제로 겪은 경험이나 자료에서 나타난 우리나라 사회의 특성을 근거로 하여 여성에 대한 차별이 여전하다는 주장에 힘을 실어 주었다.

찬성 팀

"우리 어머니도 일하고 계셔서 공감하는 부분이 많아. '기혼 여성 경력 단절 사유'나 '성별 임금 격차' 자료를 보면 남성에 비해 여성이 취업 기회나 취업 이후 보상을 받는 것에서 차별을 심하게 받고 있어. 남성이 일을 더 많이 한다는 객관적 증거가 없는데 이렇게 격차가 큰 것은 문제라고 생각해. 우리 어머니도 그렇게 고생하시는데 아버지에 비해 임금 수준이 너무 낮은 것 같아."

"우리도 나중에 가정을 꾸리면 누군가의 남편이나 아버지가 될 텐데, 선생님이 주신 자료 중에서 '가사 분담에 대한 태도'나 '통계로 보는 여성들의 평균적 삶'을 보면 현재 우리나라 사회에서 가족에 대한 희생은 남성보다 여성이 더 많이 하는 것 같아. 가사 분담은 여전히 여성이 주를 이루고 있는데 직장에서 많은 일을 하라고 분담하게 하는 것은 무엇인가 불합리해."

각 입장에 속한 학생들이 서로의 의견을 청취하고 나름대로 논리를 정리하도록 15분 정도의 시간을 주었다. 전체 50분 수업에서 상당히 많은 시간을 할애한 것인데, 이는 보이텔스바흐 원칙의 가장 최우선 원칙인 자율성과 민주성을 지키려는 의도였다. 각자의 의견을 자유롭게 교환하고 이를 바탕으로 민주적 절차를 거쳐 각 입장에서 토론에 임할 수 있도록 시간과 여건을 제공한 것이다.

선정된 대표자 3인에게 본격적 토론을 시작하기 이전에 자신들의 주장을 뒷받침할 근거를 추가로 찾을 수 있도록 인터넷 검색의 기회를 제공하였다. 교사가 제시한 자료만으로 논쟁을 이끌어나갈 경우, 교사의 가치관과 관점에 매몰될 우려가 있다고 보았기 때문에 교사의 자료 제시를 경험하고 분석한 것을 바탕으로 자유롭고 능동적으로 추가 자료를 찾을 수 있도록 기회를 부여하였다. 단 입장별로 사용할 수 있는 근거의 수와 유형 등은 어느 정도 상호 동일한 수준으로 맞추도록 하였다. 이는 토론에 있어서 형평성 문제를 발생시키지 않기 위함이었다.

전체적인 토론의 순서는 미리 안내했다. '대표자의 모두 발언→반박자 발언→재반박자 발언' 순으로 상호 교차 발언의 기회가 있으며, 두 입장의 대표자 3인의 발언이 끝나면, 토론에 참여하지 않은 학생들의 자유 발언이나 질문 및 응답 시간이 있을 것이라고 예고하였다. 여성 차별이 여전하다는 입장이 먼저 발언하고 남성에 대한 역차별을 주장하는 모두 발언이 이루어지도록 순서를 정하였다.

찬성 팀

최근에 양성평등 인식을 바탕으로 많은 운동이 전개되고 사회적 인식이 개선되었지만 우리 사회에서 여성들은 여전히 소수자 입장에서 차별을 받고 있습니다. 가정을 꾸린 여성들은 상당한 가사를 전적으로 부담하는 가운데 사회 진출에 어려움을 겪고 있습니다. 사회에 진출한다고 하여도, 남성에 비해 보상이나 승진에서 상당한 차별을 받고 있다는 것이 제시된 자료에 그대로 드러나 있습니다.

반대 팀

저는 그렇지 않다고 봅니다. 최근의 운동은 양성평등을 지향하는 운동이라기보다 남성을 깎아내리고 여성들만의 이익을 쟁취하려는 목적의 운동이라고 생각합니다. 여성 인권 운동을 하는 사람들의 주장으로 만들어진 정책은 대부분 남성에 대한 역차별로 돌아오고 있습니다. 특히 우리나라에서 남성은 군 복무를 해야 하고 가장으로서 경제적 부담을 져야 하기 때문에 많은 부분에서 희생하고 있습니다. 그런데도 여성 우위 정책으로 최근 젊은 세대 남성들은 가장이나 아버지 역할을 해보지도 못하게 되었습니다.

찬성 팀

과연 그럴까요? 직장과 사회에서 남성보다 여성이 현저히 적은 일을 하거나 업무 처리의 질이 낮다는 객관적인 증거는 없습니다. 그러나 자료에서 보았듯이 여성과 남성의 임금 격차는 심각한 수준입니다. 게다가 유리 천장, 유리 절벽 등 여성이 승진하는 것은 '하늘의 별 따기'임을 보여주는 용어도 존재합니다. 이런데도 여성이 차별을 받지 않고 있다는 주장은 성립할 수 없다고 봅니다.

반대 팀

임금 격차는 완화되고 있고 승진의 기회도 점점 여성에게 확대되고 있습니다. 제가 검색한 바로는 최근 법관과 검사 임용에서 여성의 비율이 절반을 넘어서 역전되었다는 보도가 있었습니다. 오히려 군 가산점 등 남성의 희생에 대한 정당한 보상이 사라지면서 남성에 대한 역차별만 심해지고 있습니다. 가사나 육아 문제에서 나타난 것처럼 우리나라 사회에서 여성들은 특히 남성에게 여전히 경제적 능력을 강조하면서 가사와 육아의 일정 부분을 부담하도록 강요하고 있습니다.

찬성 팀

최근 가사와 육아를 돕는 남성이 많아지면서 인식이 나아지기는 했지만 여전히 여성이 많은 부분을 희생하며 가사와 육아를 담당하고 있습니다. 또한 다른 국가와의 비교에서 나타난 성 격차 지수를 보면 우리나라는 OECD 국가 중 최하위 수준입니다. 이는 아직도 여성에 대한 차별이 심각하며 양성평등을 위한 조치가 필요하다는 증거로 볼 수 있습니다.

반대 팀

어떤 자료를 말씀하시는 것인지 알 것 같습니다. 저도 비슷한 자료를 검색해 보았습니다. 하지만 성 불평등 지수 측면에서 보면 한국은 10위권으로 양성평등 정도가 높은 나라에 속합니다. 주어진 자료를 어떻게 해석하고 해당 지표에 포함되는 지표를 무엇으로 쓰는가에 따라서 이렇게 결과가 달라집니다. 단순하게 지수를 다른 국가와 비교하는 것은 의미가 크게 없다고 생각합니다. 남성들이 받는 역차별에 대한 심각한 고민이 필요합니다.

나름의 격론을 마친 후에 발언하지 않은 학생들에게 자유로운 발언과 질문 및 답변의 기회를 제공하자 생각보다 많은 발언이 쏟아져 나왔다. 가정과 사회 및 직장의 일을 소요 시간과 노동 강도 등 객관적으로 비교해서 어느 쪽 성별이 더 격무에 시달리는지 판단해야 한다는 주장, 남성들의 군 복무 가산점을 유지하는 것과 같이 여성이 혼인과 육아를 통해 단절된 경력을 복구해 주거나 보상해 주는 제도를 함께 운영하자는 주장, 양성평등 및 여성 우월주의 주장에 따라 다양한 정책이 만들어진 사례를 통해 나타난 문제점을 제시하는 주장 등 짧은 시간에 비해 깊은 성찰과 분석을 바탕으로 한 발언들이 나타났다. 단순한 수업의 경험을 넘어서 민주 시민 의식의 일부를 경험하고 있다는 방증으로 보였다.

5 최종 입장 정하기 : 공감과 소통의 확인

토론과 자유 발언, 질문과 답변의 순서를 거치고 나자 한 차시의 수업 시간이 모두 소요되었다. 상호 토론의 결과를 충분히 듣고 경험한 것을 바탕으로 다음 차시에 최종 입장을 정하도록 안내하였다. 어느 정도 시간을 가지고 자신의 최종 입장을 정리하도록 하는 것이 더 효과적이라고 판단했다.

이틀 뒤 다시 수업 시간이 돌아왔고, 학생들은 이전 차시에 했던 토론을 비교적 상세하게 기억하고 있었다. 수업이 시작됨과 동시에 자신의 최종 입장을 다시 정하도록 하였고, 입장이 바뀐 학생들을 파악하고 그들이 왜 입장을 바꾸었는지에 대해서만 간단히 학습지에 기록하도록 한 후, 기록된 학습지를 일괄 회수하여 정리하였다.

전체 25명의 학생 가운데 원래의 입장에서 변화가 발생한 학생의 비율은 8명으로 32%에 달하였다. 남성에 대한 역차별이 심각하다는 입장이 처음에는 15명이었으나 5명이 여성의 차별이 여전히 심각하다는 입장으로 선회하였고, 여성의 차별이 여전히 심각하다는 입장은 원래 10명이었으나 3명이 남성의 역차별이 심하다는 입장으로 선회하였다. 학급 구성원의 특성이나 진행한 교수-학습 모형, 해당 수업 시기의 사회적 이슈 등이 영향을 주었으리라 생각되었지만, 단일 사례로 보아도 상당히 높은 비율로 입장 변화가 일어났다. 청소년이라 하여도 정의적 영역에서 개인이 가지는 관점과 가치관이 쉽게 변화하기 어렵다는 사실을 감안하면 상당히 높은 비율임은 부정할 수 없었다.

학습지를 정리하여 해당 학생의 인적 사항은 발표하지 않고 입장이 바뀐 이유나 해당 입장을 지지하는 이유 중에서 의미가 있다고 생각되는 것들을 제시해 주었다. 다른 학생들의 생각을 듣고 자기 생각을 정리하는 기회가 되었고, 토론의 의도를 잘 파악하여 이해하는 계기가 되는 것 같았다. 다른 학생들의 생각을 들으면서 고개를 끄덕이거나 '나도 그래.' '저건 내 생각이네.'라는 공감을 표현하는 반응도 상당수 있었다. 이렇게 공감과 소통을 통해서 하나의 주제에 대해 다른 사람들의 생각과 가치를 살펴보는 기회가 되었으리라 생각한다.

하지만 학습이 학습자의 인식과 행동의 변화로 이어지려면 같은 입장끼리 공감하고 다른 입장과의 차이를 확인하는 데 그치는 것이 아니라 한 단계 더 나아가야 한다. 두 입장 모두 우리나라 사회에서 성별 간 차별이 존재한다는 전제에는 동의하였다. 따라서 각자의 입장에서 차별을 줄이기 위해서 필요한 방안이나 해결책을 제시해 보는 활동이 필요했다. 교사는 토론을 정리한 뒤, 학생들의 원활한 사고와 자율적이고 민주적인 의사 표현을 위해 방안 제시를 유도했다.

"자, 이제 여러분은 자신의 입장을 정하고 다른 입장의 주장도 들었습니다. 입장이 바뀐 학생들도 있고 굳어진 학생들도 있을 것입니다. 입장을 굳힌 학생들이나 입장을 바꾼 학생들 모두 우리 사회에서 성별 간 차별이 있다는 점에는 공감하고 있습니다. 그렇다면 각자 성별 간 차별을 줄이기 위한 방안을 생각해 봅시다. 발언의 기회를 따로 주지 않고 각자 생각한 것들을 자연스럽게 순번대로 가볍게 제시하고 부가적으로 설명이 필요한 학생들에게는 모두의 발언이 끝난 다음에 보충 설명의 기회를 주겠습니다."

6 실천 의지 다지기 : 가치관의 변화가 행동의 변화로

두 번째 수업은 어느 정도 시간 여유가 있을 것이라 생각했지만, 그 예상도 빗나갔다. 가능한 한 많은 학생들에게 해결 방안에 관한 발언 기회를 주려다 보니 오히려 시간이 촉박했다. 그래도 짧든 길든 발언의 기회를 모든 학생에게 준 것이 의미가 있었다. 누구나 자기 생각을 말할 기회를 부여받는 것이 중요하다고 생각했고, 학생들도 그러한 경험을 매우 좋아하는 듯 보였다. 다음은 학생들이 쏟아낸 다양한 방안 중 일부이다.

"남성과 여성 모두에게 직접 차별받은 사례를 말하게 하고 이를 모아서 정부 부처에서 논의했으면 좋겠습니다. 일부의 목소리만 들어서는 진정한 양성평등은 불가능합니다."

"직장에서 남성과 여성 모두 가사와 육아 시간을 신청하면 일정 부분 인정하고 유급으로 제공하도록 해야 합니다. 두 성별 모두에게 인정해 주어야 합니다."

"여성에게 고위직이나 임원 승진에 있어서 할당제를 할 것이 아니라 공무원 시험과 같이 공통적인 지표로 심사가 가능한 영역에서 승진 기회를 구성하고 반영해야 합니다. 유리 천장도 없애고 역차별도 없앨 수 있다고 봅니다."

"군 가산점을 부활하기 어렵다고 한다면, 군 복무 기간에 취업이나 자격증 획득을 위한 일정 시간을 주는 것이 좋다고 봅니다. 남성이 국가를 위해 희생하는 동안에 국가에서 체계적으로 군 복무 이후에 남성의 사회 진출에 대해 관리를 해주어야 한다고 생각합니다."

학생들에게 마지막 과제를 내주었다. 양성평등을 위해 실천할 수 있는 작은 사안들을 십계명, 오계명 등으로 작성해 학습지의 마지막 부분을 완성하도록 했다. 토론과 발표로만 그치는 것이 아니라 개인의 인식이 바뀌고 나아가 실생활의 실천으로 이어져야 한다는 점을 다시금 강조하는 의미였다.

제출된 내용은 대부분 대동소이했으나 기지와 재치가 반짝이는 것도 있었고 다소 무겁거나 의문이 드는 것도 있었다. 학생들의 개인적 성향과 경험은 다르지만 자신이 직접 참여한 토론에서 얻은 지식과 다른 사람들과의 상호 작용 경험, 공감과 소통의 경험, 민주적 의사 결정의 경험을 통해 각자의 가치관과 행동을 어느 정도 바꿀 수 있는 가능성을 보여주었다. 이번 수업을 통해 상당수 학생은 나와 다른 생각을 하는 사람들에 대해 어떻게 이해하고 대화해야 하며 어떤 문제를 해결하기 위해서 무엇을 고치고 실천해야 하는지 어렴풋이 느낄 수 있었다고 소감을 밝혔다. 보이텔스바흐 원칙이 추구하는 목표가 어느 정도 달성된 수업이었다고 생각한다. 다만 일회성의 시도로 끝날 게 아니라 논쟁을 바탕으로 한 교수-학습의 시도와 경험이 지속될 때 누적된 경험을 바탕으로 하여 교육 현장에 자리 잡을 수 있을 것으로 기대한다.

보이텔스바흐 원칙에 따른 논쟁 수업 흐름도

과정	내용
❶ 상황 던지기	▶ 대주제: 현재 우리 사회는 양성평등이 이루어지고 있는가? ▶ 우리 사회에서 여성에 대한 차별과 여성 우대 정책의 사례를 제시하고 어느 성별이 더 차별을 받는지 생각하게 하기
❷ 쟁점 찾기	▶ 대립적 입장 제시 여전히 여성들이 소수자로서 불평등한 위치에 있다. vs. 여성 우대 정책으로 인해 오히려 남성들의 역차별이 심해지고 있다.
❸ 입장 드러내기	▶ 관련된 기사, 연구 자료, 통계 자료 분석 ▶ 해당 분석을 통해서 더 지지하는 한 입장 정하기
❹ 논쟁하기	▶ 두 입장을 지지할 만한 언론 보도, 연구 자료, 통계 자료 등을 선별하도록 하여 자신의 입장에 근거로 삼을 만한 자료를 구성하기 ▶ 상호 기본 주장하기→상대방 입장 논박하기→상대방 입장 수용 후 재논박하기→종합하기
❺ 최종 입장 정하기	▶ 원래의 입장과 논쟁 이후의 입장을 비교하고 최종 입장 정하기 ▶ 두 입장 모두의 주장을 종합하여 현재 남아 있는 문제에 대해 인식하기
❻ 실천 의지 다지기	▶ 현재 남아 있는 문제의 해결책을 함께 생각해 보고 양성평등을 위한 방법을 리스트로 작성하기

※ 관련 교과: 통합사회 6단원 '사회 정의와 불평등'

수업 후기 — 사회과 교사로서의 정체성을 확인시켜준 수업

사회과에는 다양한 학습 목표가 존재하지만, 대전제로 꼽히는 것은 바로 '민주 시민의 양성'이다. 민주주의의 기본 가치를 습득하고 민주적인 사회의 구성을 위해 학습자에게 민주 시민으로서의 소양을 심어주고 실천 의지와 행동 변화를 추구하는 것이 궁극적인 목표이다.

이러한 목표에 너무나도 잘 맞아떨어지게 구성된 것이 바로 보이텔스바흐 합의이다. 그러나 너무 잘 맞아서 오히려 사회과 수업으로 구성하여 실천하는 것이 더 어려운 면도 있다. 자칫 기존의 모형을 따르면 뻔하고 익숙한 토론 수업에 그칠 것이고, 획기적이고 신선한 새로운 모형을 적용하거나 교사 수준에서 변형한 것을 적용하다 보면 사회과 대전제 목표나 보이텔스바흐 원칙의 의미에서 거리가 먼 활동이 이루어질 가능성이 높다. 사회과 수업에서 보이텔스바흐 원칙을 반영한 수업을 구성하는 것에는 중용의 묘미가 필요해 보였다.

이러한 어려움을 인지하고 실제 수업을 구성하는 과정도 많은 고민과 어려움이 따랐다. 주제를 선정하고 토론 과정을 구현하는 과정, 자료를 수집하고 제시할 자료를 가공·선별하는 과정, 실제 수업에서 토론하고 상호 작용하며 합의를 도출하는 과정 등 그 어느 과정에서도 쉬운 것은 없었다.

그러나 미약하고 거칠지만 수업을 고안하여 적용해 본 결과, 도전하여 얻는 것은 내가 상상한 그 이상이었다. 학생들은 눈에 띄게 흥미로워했으며, 가치관, 태도, 행동에도 변화 조짐을 보였다. 강의식 수업에 익숙한 교사에겐 반성의 시간이자 보이텔스바흐 원칙을 통해 사회과 수업에서 추구해야 할 것과 우리가 잊고 있었던 사회과 수업의 궁극적 목표를 상기하는 시간이었다. 기존의 사회과 모둠별 탐구학습이나 토론 학습과 차별화가 되지 않을 수도 있고, 다양한 여건의 제한으로 원활하게 수업이 이루어지지 않을 수도 있다. 그러나 한 번의 시도만으로도 분명히 눈에 보이는 변화가 느껴지고 새로운 변화의 시발점이 될 가능성이 보였다.

아직 준비가 부족하거나 보이텔스바흐 원칙이 무엇인지 충분히 이해되지 않아 망설이는 사회과 교사가 있다면 일단 가벼운 마음으로 시작해 보기를 권한다. 어렵고 낯선 것을 넘어서는 순간, 사회과 교사로서의 정체성을 다시 한번 세울 수 있는 귀중한 교수-학습 경험이 될 것이다.

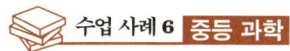 **수업 사례 6 중등 과학**

인공지능 시대의
이해

윤자영(인천공항고등학교 교사)

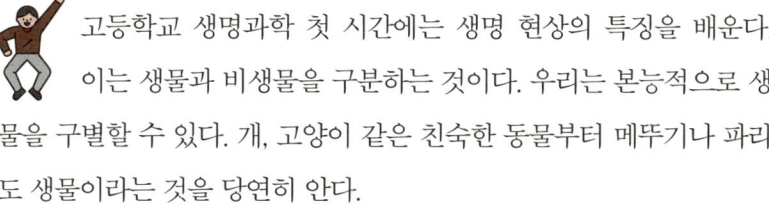

고등학교 생명과학 첫 시간에는 생명 현상의 특징을 배운다. 이는 생물과 비생물을 구분하는 것이다. 우리는 본능적으로 생물을 구별할 수 있다. 개, 고양이 같은 친숙한 동물부터 메뚜기나 파리도 생물이라는 것을 당연히 안다.

하지만 감기를 일으키는 감기바이러스는 생물일까? 그래서 과학자들은 흔히 생물이라고 부를 수 있는 7가지 기준을 만들어 놓았다. 간단한 수업이지만, 나는 학생들에게 생각하는 힘을 기르게 하고자(아니면 다른 의미로 학생들을 골탕 먹이기 위해) 수업을 구성하였다.

"여러분, 생명과학 시간에는 무엇을 배울까요? 바로 생명체 안에서 일어나는 여러 가지 일들을 배울 것입니다. 하지만 생명체 즉, 생물의 정의란 어떤 것일까요? 누구 생물의 정의를 말해줄 수 있는 학생 있나요?"

학생들이 서로 눈치를 보는가 싶더니 진영이가 손을 들며 말했다.

"생물은 숨을 쉽니다."

"지금 진영 학생이 말하는 숨을 쉰다는 것은 산소를 마시고, 이산화탄소를 내뱉는다는 이야기인가요?"

진영이가 고개를 연신 끄덕인다.

"좋습니다. 숨을 쉬는 것은 과학적 의미로 물질대사라고 합니다. 산소를 이용하여 영양소를 분해해 우리 몸의 생체에너지를 만들고, 그 분해 산물인 이산화탄소를 방출한다는 겁니다. 그럼 자동차를 생각해 봅시다. 자동차도 산소를 마시고, 가솔린을 분해하며 운동에너지를 만들고, 이산화탄소를 내놓죠. 자, 여러분 자동차가 생물인가요?"

아이들의 표정이 생글생글 변한다. 선생님의 말에 대응하기 위해서다. 평소 까부는 학병이가 소리쳤다.

"움직여요. 생물은 움직입니다. 선생님."

나는 속으로 웃었다. 대본대로 잘 진행되고 있다. 나는 창문 밖의 태극기를 보았다. 바람에 의해 힘차게 나부끼고 있었다.

"학병 학생, 움직이면 모두 생물일까요? 창밖의 태극기를 보세요. 엄청 아우성치고 있는데요?"

학병이는 약간은 억울한지 또다시 소리쳤다.

"자랍니다. 아기가 어른이 되는 것처럼 생물은 커가요."

"학생은 고드름을 아나요? 아니면 종유석, 석순을 아나요? 고드름도 자라잖아요. 그런데 생물이라고 할 수는 없죠."

"생각을 해요. 사람은 아니 개도 생각이라는 것을 할 거 아닙니까?"

"좋습니다. 학병 학생 점점 똑똑해지는 것 같군요. 그럼 생물인 토끼풀도 생각을 하겠네요? 할 수도 있을까요? 그럼 단세포 생물인 아메바는요?"

와하하, 학생들은 웃음이 터졌고 학병이의 얼굴은 빨갛게 물들었다. 학생들은 재미있는지 선생님과의 논쟁에 뛰어들었다.

"선생님, 세포입니다. 생물은 세포로 구성되어 있어요."

"세포라, 여러분은 소고기나 돼지고기를 좋아하나요?"

학생들이 좋다며 소리쳤다.

"돼지고기는 엄연히 생물이라고 할 수 없습니다. 하지만, 세포로 이루어져 있죠. 아니면 이 책상도 비생물이라고 하지만 나무도 생물이었기에 현미경으로 관찰한다면 세포 구조가 보일 것입니다."

나는 학생들을 놀리기 위해 주먹을 쥐며, 이겼다는 제스처를 취했다. 그때 철민이가 손을 들었다.

"생식이요. 자손을 낳을 수 있어야 합니다."

"진짜 그렇게 생각하나요? 아메바는 이분법으로 생식합니다. 그렇게 자손을 늘려가는 것이죠. 그럼 세월이 지남에 따라 바위가 쪼개지는 것은 뭐죠? 수가 늘어가고 있잖아요."

이제 논쟁의 종지부를 찍으려는 듯 반장 예슬이가 손을 들었다.

"진화예요. 생물은 진화합니다."

"흐흐흐, 여러분 옛날 아파트와 현대의 아파트는 어떤가요? 아니면 여러분이 사용하던 볼펜도 점점 기능이 생기고 좋아지지 않나요? 볼펜도 진화하나요?"

반장도 답답한지 뾰로통한 목소리로 말했다.

"선생님, 그럼 생물의 정의는 뭔가요? 이것도 저것도 모두 아니라고 하시면 생물의 정의는 뭐지요?"

답답해 하는 학생들에게 손바닥을 보이면 진정시켰다.

"좋아요. 선생님은 여러분의 생각하는 힘을 키우고, 논쟁하기 위하여 이런 수업을 한 것입니다. 모두 잘했어요. 여러분이 말하는 모든 특징이 있어야 생물이라고 할 수 있어요."

나는 학병이를 보았다.

"학병 학생에게는 미안하지만 움직인다거나 커진다는 것, 생각한다는 것은 생물의 특징이 될 수 없답니다."

학병이는 잠시 생각하더니 말했다.

"선생님, 그럼 인간의 조건은 무엇일까요? 호모 사피엔스, 생각하는 존재이니 생각을 한다면 인간이 될 수 있을까요?"

나는 갑자기 난감해졌다. 동물도 생각하는지 알 수 없으니 고도의 생각을 하는 인간의 조건은 생각이라고도 할 수 있을 것이다.

"학병 학생 우수한 질문입니다. 하지만 그냥 생각이라기보다 방정식과 미적분을 고안하고 풀 수 있을 정도로 고도의 생각을 하는 존재가 인간이 아닐까요?"

학병이는 아까의 복수를 하는 것인지, 정말 궁금한 것인지 또 다른 질문을 이었다.

"그럼 선생님, 요즘 인공지능이 점점 발달하고 있는데요. 인공지능에게 그까짓 방정식과 미적분은 식은 죽 먹기일 거잖아요. 바둑으로도 모든 인간을 이겼는데, 그럼 알파고도 인간인가요?"

나는 말문이 턱 막혔다. 시계를 보니 수업 시간이 모두 지나갔다.

"학병 학생 대단합니다. 선생님이 진심으로 칭찬합니다. 수업 시간이 끝나가는데요. 우리 다음 시간에 학병 학생이 말한 인간의 조건에 대해 말해 봅시다. 주제는 '과연 미래의 발달한 인공지능을 인간으로 대우해야 할까?' 어떻습니까?"

인간의 조건이 무엇인지 생각해 보는 중인지 학생들의 눈이 반짝 빛났다.

 인공지능 로봇을 인간으로 인정할 수 있을까?

1 상황 던지기 : 실제 관심 있는 상황 찾기

알파고와 이세돌의 바둑 대결로 인공지능에 대한 관심이 커졌다. 장기나 체스는 예전에 컴퓨터가 인간을 넘어섰지만 바둑은 너무 복잡하기 때문에 아무리 컴퓨터가 발전해도 프로기사를 못 이길 것이라 했었다. 하지만 컴퓨터, 아니 인공지능은 인간의 바둑 기보를 빠르게 익혀나갔고, 사람들을 모두 꺾었다.

현대 인공지능이 어디까지 발전했을지 찾아보니 지금 관심이 시작된 우리나라와 달리 세계 곳곳에서는 엄청난 인공지능이 만들어지고 있었다. 렘브란트의 모든 그림을 인공지능에 입력 후 검은 모자를 쓴 렘브란트풍 그림을 그려달라고 하자 인공지능은 3D 프린터를 이용하여 유화풍의 그림을 그렸다. 미술 전문가도 그 그림을 진짜 렘브란트의 작품으로 착각했다. 이제 인공지능은 음악을 작곡하고, 소설을 쓰기도 한다. 일본의 한 인공지능에 모든 소설을 입력한 후 SF 소설을 쓰라고 명령했다. 이 소설은 일본의 유명한 SF 소설의 본선에 오르는 기염을 토했다. 이 사실을 밝혀 소설은 중간에 폐기되었지만, 만약 가만히 놔두었다면 어떻게 되었을까?

인공지능은 분명히 생각하는 것 같다. 기존의 소설들을 보고 새로운 소설을 창작했으니 말이다. 만약 인공지능이 생각을 한다면 사람이라고 할 수 있을까? 그리고 그 소설이 당선되어 책이 나오면 그 책의 인세는 누구에게 주어야 할까? 그 쟁점은 인간의 조건과도 연결될 것이다.

이런 문제들에 대해 분명히 결론을 내려야 할 날이 곧 올 것이다. 나는 이 논쟁을 학생들과 해보기로 하였다.

먼저 학생들에게 일본의 인공지능이 쓴 소설이 유명한 문학상 예선에 통과했다는 영상을 보여주었다. 만약 이 소설이 1등을 했다면 저작권과 인세는 누구에게 주어야 할지 생각해 보게 했다. 그리고 인간과 비슷한 외모를 가진 인공지능이라면 인간으로 인정해야 할지, 얼마나 인간과 비슷해야 인정할 수 있을지 등 직접 쟁점을 생각해 보게 하였다.

❷ 쟁점 찾기 : 다양한 쟁점을 스스로 탐색하기

영상 속의 소설 쓰는 인공지능은 완벽하지 않지만 분명 먼 미래에는 완벽히 소설을 쓰는 인공지능이 나올 것이다. 또한 미래에는 여러 방면에서 인간과 같은 생각을 하는 인공지능이 나올 것이다. 학생들에게 이 점을 인지하고 미래 상황에서의 인공지능을 가정하고 생각하게 하였다.

우리는 교과서에서 생명현상의 특징을 배웠다. 그 일곱 가지 특징은 세포로 구성, 물질대사, 자극과 반응, 항상성, 발생과 생장, 생식, 적응과 진화이다. 물론 고도로 진화된 인공지능은 이 모든 것이 가능하다고 가정한다. 학생들은 이 가정하에 인간의 조건을 생각하고 논쟁하게 된다. 학생들의 열띤 토론이 있었고, 쟁점이 모이기 시작했다. 학생들이 찾아낸 쟁점은 크게 두 가지로 분류할 수 있었다.

1) 인간의 조건은 고등 생각인가?
2) 반대로 인간의 몸을 기계로 바꾸면 인간인가?

일단 비슷한 생각을 하는 학생들을 모아 모둠을 정하고, 태블릿 PC로 생각의 근거가 될 자료를 조사하게 하였다.

3 입장 드러내기 : 조사와 토론을 거쳐 입장 정하기

나는 입시 위주의 교육을 받아온 학생들이 과연 제대로 조사해서 의견을 주장할 수 있을지 궁금했다. 조사 시간을 25분 주고, 나머지 시간에 모둠의 의견을 말하며 논쟁하도록 하였다. 주어진 시간도 짧고 새로 도전하는 수업이라 성공을 반신반의했는데 학생들은 기대 이상으로 잘 해냈다.

1모둠 미래에 인간과 거의 같은 생각을 하는 인공지능이 탄생한다고 생각합시다. 하지만 이 인공지능, 다시 말하면 컴퓨터를 인간이라고 할 수 있을까요? 아까 소설 쓰는 인공지능 컴퓨터로 돌아가 봅시다. 인공지능이 창작했다지만 그 인공지능 컴퓨터를 만든 사람이 있을 겁니다.

우리 모둠은 그 컴퓨터를 만든 사람이 인공지능 컴퓨터에 대한 특허권, 저작권 등을 가지고 있을 것이므로 거기서 나온 소설도 만든 사람의 것이라 생각합니다.

2모둠 지금 일본에서는 감정을 읽고, 감정을 표현할 수 있는 인공지능 로봇이 개발되었습니다. 외모도 로봇이 아닌 사람과 비슷하다고 합니다. 금속으로 만들고 움직임이 뻣뻣한 로봇만 생각해서는 안 됩니다.

3모둠 인간과 비슷한 생각이라는 것도 걱정스럽습니다. 어느 정도 생각해야 인간과 비슷하다고 할까요? 자신을 조롱하는 진짜 인간을 죽이고 싶은 마음이 생기고 이를 실행에 옮긴다면 인간적인 생각이라고 할 수 있을까요? 아마 인공지능이 인터넷에 접속해서 학습한다면 욕부터 배울 것입니다. 욕을 배우고 진짜 인간을 죽인다면 인간이라고 할 수 있을까요?

4모둠 우리는 반대의 경우를 생각해 보았습니다. 영화를 보면 전쟁에서 다리를 잃은 사람에게 기계 다리를 만들어 이식한 것을 볼 수 있습니다. 정밀한 신경망과 연결하여 자유자재로 움직일 수 있고, 움직임도 진짜 다리와 별 차이가 없습니다. 이 시점까지 이 사람이 인간인지 로봇인지 논쟁거리가 되지 않습니다. 하지만 이 사람은 팔을 기계로 바꿉니다. 심장에 문제가 생겨 인공 기계 심장으로 바꾸고, 나빠진 눈에는 고성능 카메라를 달았습니다. 그렇게 모든 내장기관을 바꾼 그 사람에게 온전히 남아 있는 것은 뇌뿐입니다. 그렇다면 뇌만 남아 있는 이 사람은 인간일까요, 로봇일까요?

참 독특하고 재미있는 주장들이 펼쳐졌다. 본격적인 논쟁으로 들어가지 않았지만 격렬한 논쟁이 예상되었다. 학생들의 주장은 대략 다음과 같이 정리되었다.

- 인간의 생각과 구별이 되지 않으면 인간적이다.
- 표정, 감정 등을 표현하고, 외모도 인간과 비슷해야 한다.
- 최소한 유기질 뇌는 남아야 인간이다.
- 분명히 인간과 비슷한 그 로봇을 만든 사람이 있을 것이므로 로봇은 인간일 수 없다.

결국 학생들의 의견은 인간과 매우 비슷한 인공지능 로봇을 인간으로 인정할 수 있느냐, 없느냐로 구분되었다. 나는 학생들에게 다음 논쟁 수업에 대한 예고와 이를 위해 각자 자료를 조사해오라는 과제를 내주었다.

"여러분, 생명현상의 특징을 배우는 수업에서 '미래의 인공지능을 인간으로 인정할 수 있나, 없나?'라는 다소 엉뚱한 수업을 하게 되었는데 여러분의 다양하고 창의적인 생각에 선생님은 놀랐습니다. 어쩌면 입시 공부에 찌들어 공부만 하는 여러분이 로봇 같다고 생각될 때가 있었는데 여러분은 진정 생각하는 사람이었네요. 대단히 창의적이고 우수한 발상이었습니다. 우리의 의견은 인간과 아주 비슷한 인공지능 로봇이 있다면 이를 인간으로 인정하느냐, 마느냐로 나눌 수 있겠는데 다음 시간에는 이를 두고 논쟁을 해 보겠습니다. 수고스럽겠지만 집에서 근거를 조사하고 정리해 봅시다."

4 논쟁하기 : 스스로 판단하고 결정하기 위한 과정

전 차시에 인간과 비슷한 인공지능 로봇을 사람으로 인정할 것인가에 대해 조사한 것을 바탕으로 개인의 생각을 정리하여 찬성과 반대 입장을 나누었다. 마침 실험실 테이블이 'ㄷ' 자형으로 배치되어 있어서 찬성과 반대로 나누어 앉고 모든 학생이 서로의 의견을 들을 수 있도록 하였다.

"학생 여러분, 오늘 우리는 '인간과 매우 비슷한 인공지능 로봇을 인간으로 인정해야 할까?'라는 주제로 찬반 논쟁을 할 것입니다."

논쟁 수업은 자칫 자신의 의견을 주장하다가 싸움으로 번지기 쉽다. 나는 보이텔스바흐 합의에 의한 방법을 쓰기로 결정했다.

"하지만 선생님이 걱정되는 것이 있는데요. 찬반 논쟁을 할 때, 자신의 의견이 옳은 양 주장만 한다면 어떻게 될까요?"

학생들이 제각각 의견을 낸다.

"싸움이 일어나요."

"목소리 큰 놈이 장땡이에요."

"친구 따라 강남가요."

나는 학생들을 진정시켰다.

"좋습니다. 여러분, 독일에서도 이런 문제가 있었습니다. 베를린 장벽이 무너지고 40년간 이념과 정권이 다르게 살던 사람들이 만났어요. 얼마나 자신들의 의견만 주장했겠습니까? 그래서 이래서는 안 되겠다는 생각이 들어 교육자, 정치가, 연구자들이 보이텔스바흐라는 도시에서 교육 지침을 마련하였어요. 그것이 바로 보이텔스바흐 원칙입니다. 보이텔스바흐 원칙은 첫째, 학생에게 강압적인 교화와 주입식 교육을 금지하고, 둘째, 학문적·사회적 논쟁 상황을 교실 수업에서 그대로 재현하며, 셋째, 정치와 생활을 연계해 학생 실생활과 관련 있는 주제에 대해 학생 자신의 이해관계를 스스로 판단·결정하는 내용으로 이루어져 있어요."

학생들은 알 듯 말 듯한 표정을 지었다.

"내용적인 면은 다음에 살펴보고요. 오늘의 논쟁 수업에서 남에게 자기주장을 강요하지 말라는 겁니다. 자기 생각을 근거에 따라 발표하고, 토론 과정을 통해 각자 결론 내리면 되는 겁니다. 이해했나요?"

학생들은 일제히 "네!"라고 대답했다. 다음은 이날 발표한 학생들의 이야기이다.

"어제 우리는 인공지능 로봇의 미래에 대해 조사해 보았습니다. 인간과 매우 비슷하다는 점에서 로봇 또한 고통을 느낀다고 가정할 수 있습니다. 고통을 느끼는 인간과 비슷한 로봇을 과연 로봇이란 이유만으로 외면할 수 있을까요? 바다에 갔다가 철사에 묶여 고통스러워하는 거북을 발견했다면 여러분은 거북을 구하지 않을 건가요? 그래서 전 인간과 비슷한 로봇을 가정한다면 인간으로 대우해야 한다고 생각합니다."

"인간과 비슷한 로봇이라 해도 어차피 컴퓨터 로봇입니다. 인공지능이 생각할 수 있다고 하지만 그건 위험한 이야기입니다. 앞서 고통을 느낀다고 인간과 같다고 했는데 진짜 인간의 고통은 신경과 뇌의 교감으로 발생합니다. 로봇이라면 자신의 고통을 전달하는 정보를 차단하고 제어할 수 있지 않을까요? 그리고 인간과 가장 다른 점이 있어요. 그것은 수명입니다. 인간은 아무리 기술이 좋아진다 해도 수명이 다하면 죽습니다. 하지만 인공지능은 죽나요? 죽지 않는 인간을 인간이라고 할 수 있을까요?"

"저희 모둠에서 어제 기계인간 이야기를 했었죠? 인간의 일부인 뇌만 남겨두면 과연 이것이 인간인가 로봇인가에 대해 이야기했었어요. 여러분도 인간에게 뇌가 가장 중요하기 때문에 뇌만 있으면 인간이라고 할 수 있다고 생각하실 겁니다. 하지만 미래에 우리 뇌의 기억을 저장하는 저장장치가 개발된다면 어떡하죠? 마지막 남은 뇌를 제거하고 그 장치를 넣었어요. 그 저장장치의 기억은 살아생전 사람과 똑같고, 그 사람도 자신이 인간이라고 생각합니다. 저도 그런 경우는 인간으로 봐야 한다고 생각해요."

"어제 어떤 모둠에서 인간이 사고로 팔다리를 잃어 기계로 대체했다는 의견이 나와서 저도 조사를 좀 해보았습니다. 반대의 경우는 어떨까요? 영화 〈바이센테니얼 맨〉의 로봇은 인간과 같은 사고를 하고 창의력도 있었어요. 하지만 주인은 외모가 다른 로봇을 가족으로 인정하지 않죠. 인간이고 싶었던 로봇은 유기질로 몸을 대체하고 죽음을 맞이합니다. 원래 로봇이었던 사람은 비로소 자신이 인간이 되어 죽는다고 했습니다. 그러니 죽음도 인간의 조건이라고 생각합니다. 죽지 않는 것은 로봇이죠."

"그 영화에서 로봇의 주인은 로봇의 창작을 인정하고, 돈을 로봇에게 주었어요. 하지만 가족으로 인정하지는 않았던 거죠. 아마 우리가 배웠던 7가지 생명현상의 특징이 있지 않은 이상 인간으로 인정하기는 쉽지 않을 겁니다. 그리고 앞에서 이야기했던 것 중에 유기질 뇌가 없다면 그것을 과연 사람으로 칠 수 있을까요? 그도 마찬가지로 죽지 않습니다. 뇌를 컴퓨터로 바꾸는 순간, 달리 말하면 기억을 다른 컴퓨터 장치에 저장하는 순간 죽었다고 해야 합니다."

"모든 인간이 그렇게 되었을 때도 고려해야 하지 않을까요? 인간은 영생에 대한 욕심이 옛날부터 있었어요. 이집트의 파라오, 불로초를 찾던 진시황 등이 그 대표적인 예예요. 만약 미래에 기계인간으로 대체가 가능하다면 거의 모든 인간은 기계인간을 선택할 거예요. 죽음을 선택하는 시기가 온다는 말이죠. 그럼 과도기의 기계인간은 인간으로 대접받지 못한 채 또 다른 차별을 받아야 할까요? 가능한 한 빨리 인간으로 인정을 해야 합니다."

학생들은 이날 인공지능 로봇을 단지 인간으로 대우하느냐 마느냐를 이야기하기보다는 인간과 로봇을 구분 짓는 기준에 중점을 두고 토론하였다. 인간과 비슷한 로봇뿐 아니라 인간이 되고 싶어 하는 로봇에 대해서도 언급했다. '기억이 유기적인 뇌에 저장되어야 인간으로 볼 수 있다', '저장 장치에 넣은 기억은 이미 인간의 것이라 할 수 없다'라는 주장도 제기되었다.

5 최종 입장 정하기 : 생각의 발전이 보여준 교육 효과

'인간과 매우 비슷한 인공지능 로봇을 사람으로 인정할까?'라는 주제로 벌어진 찬반 논쟁에서 학생들은 대부분 반대 입장을 취했다. 아직은 먼 미래의 이야기이고 당장 인간과 비슷한 로봇을 보지 못해서 판단이 쉽지 않았을 것이다. 의견이 바뀐 학생이 있다면 왜 바뀌었는지 이유를 듣고 싶었다. 입장을 바꾸는 과정에서 교육적 효과가 더 높아질 수 있기 때문이다.

"여러분, 이 논쟁을 하기 전에는 반대였는데 논쟁을 통해 찬성으로 바뀐 학생이 있나요?"

영은 학생이 손을 들었다.

"영은 학생의 생각이 바뀐 데는 어떤 이유가 있나요?"

"처음엔 일단 눈에 보이지 않으니 사람과 같다는 것에 적응이 되지 않았습니다. 그런데 아까 다른 학생이 영화 이야기를 하면서 로봇이 오히려 인간으로 인정받고 싶어서 자신의 몸을 유기질로 바꾸어 결국 죽었다는 이야기를 들었을 때, 어쩌면 진짜 그럴 것 같다는 생각이 들었습니다. 우리가 기계인간이 되어 아프지 않고 오래 살고 싶다고 생각할 수 있듯이 로봇도 인간처럼 아프고 죽음을 맞이하고 싶다는 생각을 한다면 인간과 다를 바 없다고 생각했습니다."

짝짝짝, 나도 모르게 박수를 쳐주었다. 진심에서 우러나오는 칭찬이었다.

"좋아요. 영은 학생에게 이렇게 인간적인 모습이 있는지 몰랐어요. 로봇이 영은 학생처럼 생각한다면 인간으로 인정해도 될 것 같아요. 끝으로, 이번 논쟁 수업을 통해서 여러분이 느끼거나 우리가 결정한 내용을 통해서 발전시키고 싶은 것이 있나요?"

재학이가 손을 들었다.

"선생님, 우리는 인간을 기준으로 인간과 비슷한 로봇을 인간으로 인정하느냐 마느냐를 이야기했는데 동물권도 이야기하고 싶습니다."

"동물권? 그게 뭔가요?"

"가축뿐 아니라 동물도 학대받는 경우가 있잖아요. 인공지능 이야기를 하고 나니 동물도 학대받지 않게 동물권에 대해서도 토론해 보고 싶어요."

"아주 좋은 생각입니다. 이에 대해서도 다시 토론하면 좋겠지만 아쉬운 대로 마무리를 하지요. 우리는 생명이 있는 동물을 보호해야 합니다. 나아가 식물도 보호해야겠지요."

인간과 비슷한 인공지능 로봇은 현실적으로 이해하기 어려운 부분이 있는데 학생들이 '동물권 보호'라는 주제로 자연스럽게 전환하는 점이 놀라웠다. '실천 의지 다지기'로는 동물권 보호에 대해 생각해 보기로 했다.

❻ 실천 의지 다지기 : 주제를 확장해 실천에 적용하기

학생들이 자연스럽게 생각한 동물권 보호를 그냥 넘길 수 없어, 수업 시간을 할애하여 학생들의 생각을 더 들어보기로 하였다.

주제를 고민하던 중 마침 인터넷 기사에 '아파트 공사현장에서 멸종 위기종 맹꽁이 서식'이란 기사를 보았다. 아파트는 재건축이 아닌 이상 교외나 그린벨트가 풀린 지역에 건설되기 때문에 그럴 것이다. 학생들에게 관련 뉴스 동영상을 보여주었다.

"예전에도 이렇게 동물들이 사는 곳에 인간이 침입하여 많은 동물이 죽었겠지만, 요즘 들어 이런 기사들이 많이 나오는 것을 볼 수 있습니다. 아마 여러분처럼 동물들의 생존을 걱정하는 사람들이 많아져서 그럴 것이라 생각됩니다. 그럼 지난 시간에 우리들이 논의했던 것처럼 보이텔스바흐 원칙에 의한 논쟁 수업을 해보겠습니다. 만약 아파트 공사 현장에 이런 멸종 위기종이 사는 군락지가 발견되면 어떡해야 할까요?"

"당연히 아파트 공사계획을 변경해야죠. 다른 동물도 아니고 멸종

위기종입니다. 우리 인간이 동물을 멸종시킬 권한은 없잖아요."

다른 의견은 나오지 않았다. 이번 기사로 동물권 보호라는 주제에 대해 쟁점을 찾기란 쉽지 않았다. 지난 수업뿐만 아니라 학생들의 마음에는 동물을 보호해야 한다는 생각이 자리잡고 있기 때문이었다. 할 수 없이 교사인 내가 반대 의견을 내보기로 하였다.

"여러분의 따뜻한 마음을 잘 보았습니다. 아무도 반대 의견을 안 내니 선생님이 내보도록 하겠습니다. 멸종 위기종을 구하기 위해 아파트 공사가 중단되면 힘들어지는 사람들도 있을 것입니다. 아파트 건설 업체는 대기업이라 괜찮을지 몰라도 아래로 내려가는 하청업체나 공사 관계자, 거기에 노동자 입장에서도 생각해 봅시다. 작은 하청업체들은 도산하게 되고, 일거리가 없는 노동자들은 돈을 벌 수 없죠. 이분들이 우리의 부모님이라면 어떨까요?"

학생들의 눈빛이 흔들렸다. 아버지, 어머니가 실직해서 어려움을 겪은 학생들일 수도 있었다.

"맞아요. 선생님. 아파트 공사는 멈춰서는 안 돼요. 서식지를 피해서 공사 도면이 수정되어야 합니다."

"공사 현장 수정은 그림을 다시 그리는 것처럼 간단한 것이 아니에요. 아마 여러 가지 여건을 다시 고려하느라 수십억의 돈이 들 수도 있고, 수정된 공사 때문에 피해 보는 사람이 생길지도 몰라요."

나의 말에 학생들이 수군거리기 시작했다. 저마다의 의견이 생겨나는 걸 보니 이제 조금은 논쟁 토론을 할 준비가 된 것 같았다.

"자, 그럼 지난번에 한 것처럼 모둠끼리 토론을 시작해 보도록 하겠습니다."

토론이 잘 되기 위하여 일단 공사를 해야 한다는 학생들을 모둠에 적절히 배치하였다. 곧이어 학생들의 논쟁이 시작되었다.

재미있는 것은 논쟁이라 하면 찬반 토론을 생각하기 쉬운데 토론이 진행될수록 해결책이 찾아지고 합의에 이른다는 것이다. 학생들은 아파트 공사를 멈춰서도 안 되고, 멸종 위기종 동물도 보호해야 한다는 방향으로 의견을 수렴했다. 아파트에 맹꽁이 서식지를 조성해 인간도 맹꽁이도 지키자는 것이었다. 이름하여 '멸종 위기종 맹꽁이가 함께하는 친환경 아파트'.

"밤에 잠잘 때 개구리, 맹꽁이 울음소리가 들리면 얼마나 좋겠어요. 자연의 소리는 좋은 자장가라고요."

"요즘 어린이는 개구리, 맹꽁이를 그림책에서나 배우지 실제로 보지는 못했다고 합니다. 도시에서의 산 교육장이 되는 거예요."

"친환경 아파트라 아파트 가격도 많이 오를 거예요."

마지막 친구의 말에 학생들은 웃음을 터뜨렸다. 이번 수업도 성공이었다. 학생들은 어느 한쪽을 죽이는 것이 아니라 상생의 의미를 찾아냈다.

그러고 보니 사회의 많은 곳에서 치킨게임이 일어나고 있다. 서로를 죽이지 않으면 자신이 죽는 것처럼 말이다. 그 사람들에게 상생할 수 있는 법을 찾도록 보이텔스바흐 원칙을 알려주고 싶은 마음이다. 전국의 교사들이 이런 교육을 통하여 학생들에게 상생을 위한 논쟁을 한다면 이 학생들이 어른이 되는 그날에는 사회에서 많은 부분에서 합의가 일어나고 발전이 있을 것이다. 나부터 논쟁 수업을 시작하고 학생들에게 교육해야겠다.

보이텔스바흐 원칙에 따른 논쟁 수업 흐름도

과정	내용
❶ 상황 던지기	▶ 생명현상의 특징 수업 후 인공지능이 생명과 인간으로 확대할 수 있을까를 질문한다. ▶ 유튜브에서 현대의 인공지능을 검색하여 소설 창작, 미술, 작곡하는 인공지능의 영상을 보여준다.
❷ 쟁점 찾기	▶ 비슷한 생각을 가진 학생들을 모둠으로 정한다. ▶ 태블릿 PC를 이용하여 인공지능의 현재와 미래에 대해 조사시킨다.
❸ 입장 드러내기	▶ 논쟁하기에 앞서 모둠의 찬반의견을 모은다. ▶ 자신이 속한 모둠의 의견을 조사하고 정리하여 발표한다.
❹ 논쟁하기	▶ 학생 개개인은 찬성과 반대의 의견을 정하고, 자신의 자리에 가서 앉는다. ▶ 어제 조사한 내용을 기준으로 자유롭게 자신의 이야기를 발표한다.
❺ 최종 입장 정하기	▶ 자신의 결론을 말한다. ▶ 처음과 의견이 바뀐 학생들에게도 어느 부분에서 생각이 바뀌게 되었는지를 발표하게 한다. ▶ 보이텔스바흐 원칙이 필요한 경우임을 깨닫게 한다.
❻ 실천 의지 다지기	▶ 과학적 주제는 실천하기가 쉽지 않으므로, 그 주제에서 확대 실천할 수 있는 내용을 토론한다.

※ 관련 교과: 고등학교 생명과학 I '생명현상의 특징' 단원

탐구 능력을 키우는 데 효과적인 과학 논쟁 수업

생명현상의 특징에서 시작해 '인공지능 로봇을 인간으로 인정할 수 있을까?'라는 주제로 논쟁과 토론 수업을 해보았다. 보이텔스바흐 원칙을 사용했지만, 결과는 그 효과 이상이라고 본다. 학생들은 다른 사람이 조사하여 발표하는 내용을 진지하게 들었다. 자기 자신의 의견만 주장하는 것이 아니라 다른 이의 의견을 경청하고 자신의 의견과 비교하였다. 이는 보이텔스바흐 원칙이 원하는 바요, 우리가 추구하는 이상이었다.

또한 입시 위주의 교육을 받아 온 학생들은 창의력이 떨어지고 토론 능력이 없을 것이라 생각하기 쉽지만 그 반대였다. 미디어에 친숙한 학생들은 많은 미디어를 통해 더 좋은 근거를 찾고 활용했다.

과학 수업에서는 유전자 조작 식물, 인공지능, 생명 윤리 등 찬성과 반대가 첨예하게 나뉠 수 있는 논쟁거리가 많다. 자기 의견을 갖고 논쟁을 하려면 학생들은 조사와 탐구를 통해 근거를 찾는 과정을 거쳐야 한다. 여러 가지 근거를 찾는 것이 바로 과학탐구활동이다. 보이텔스바흐 수업을 통해 새로운 과학 수업의 가능성을 엿보았다.

4장

보이텔스바흐 원칙의 이론적 배경

정치와 이념 갈등을 넘어선 민주시민교육

강구섭(전남대학교 교수)

 **독일 정치교육과 보이텔스바흐 원칙**

독일의 정치교육은 제2차 세계대전 이후 서독 국민에게 민주주의에 대한 이해를 고취하여 독일 사회에 민주주의 체제가 견고히 자리를 잡을 수 있게 하려는 목적으로 시행되었다. 즉, 국가사회주의(나치) 역사를 반성하고 청산하는 한편 민주주의에 대한 인식을 높여 서독 사회의 안정을 통한 유럽의 통합을 위해 정치교육이 추진되었다. 이를 위해 1952년, 연방정치교육본부가 설립되었다.

    정치교육 실행 초반기에는 국가사회주의, 공산주의적 전체주의에 대한 비판적 인식 제고, 자유주의적 법치국가에 대한 이해, 민주주의 이념과 제도 등과 같은 서독 민주주의 체제의 안정적 정착을 위한 다양한 내용이 다뤄졌다. 이러한 서독의 정치교육은 시간이 지나면서 내용이 변화되었다. 특히 1960년대 말 정치 사회적 변혁 상황에서 제기된 정치교육 교수법에 대한 논쟁은 단순히 정치교육의 방법에 대한 논의를 넘어 정치교육의 목표, 내용에 대한 논의로 확산되었고, 이러한 과정에서 정치교육은 새로운 전기를 맞이하였다.

교육 현장에 불어닥친 보수 vs. 진보 이념 갈등

1970년대에 있었던 정치교육의 방향에 대한 논쟁은 서독 각 주에서 정치교육을 시행하는 과정에서 나타난 정치교육 목표와 내용에 대한 입장 차이에서 비롯되었다. 이러한 인식의 차이는 각 주의 상이한 정치적 지향에서 나타난 것이었는데 보수적 입장을 지향하는 지역에서는 정치교육의 목표가 헌법에 대한 이해를 바탕으로 법을 준수하는 민주시민의 양성에 있어야 한다고 보았다. 이를 위해 민주주의, 법치주의에 대한 이해를 높이기 위한 인식 교육이 중요하게 강조되었다. 반면, 진보적 입장을 지향하는 지역에서는 정치교육이 체제를 개혁할 수 있는 비판적 시민을 양성하는 것에 목표를 두어야 한다고 보았다. 이들은 이전까지 정치, 역사 교과를 학교 교과에서 분리해 가르치던 것에서 벗어나, 해방적 관점을 다루는 사회교과Gesellschaftslehre로 변화되어야 함을 주장하였다. 더 나아가 학교는 단순히 정치교육의 내용을 학습하는 곳을 넘어 행동의 공간이 되어야 한다는 것, 즉 교육에서 학습과 행동은 하나로 연결되어 있어야 한다는 것을 강조하였다.

이처럼 정치 교과를 다루는 교수법에 대한 논의에서 시작된 논쟁은 점차 정치교육이 어떠한 역할을 해야 하는가에 대한 논의로 발전했고, 1970년대에는 보수, 진보 정치 세력 간의 사회정치적 논쟁으로 확대되었다. 이러한 과정은 정치교육에 대한 논쟁이 중립성을 넘어 정파성을 띠는 것에 대해서도 점차 긍정적으로 인식하게 만들었다.

정치교육은 전체 사회가 평화롭게 공존하기 위해 필요한 공통의 가치관, 행동방식을 공유하는 것을 기본 목표로 해야 한다는 기본 목적에 근거하여, 공적 정당성을 가진 목적과 방법에 관한 새로운 합의 구조의 도출이 시도되었다. 그러나 이러한 시도는 정치교육의 내용, 방법, 교수법에 대한 기존의 대립, 충돌이 재연되는 결과를 가져왔다. 이에 상이한 노선을 가지고 있는 정치교육학자들이 헌법이라는 기본 전제를 놓고 토론하는 자리를 기획하였다. 이러한 과정을 거쳐 1976년, 바덴뷔르템베르크주 정치교육센터는 논쟁적 토론을 통한 최소한의 합의 도달을 목표로 하는 세미나를 보이텔스바흐에서 개최하였다. 보이텔스바흐 논의를 통해 논쟁에 참여한 전문가들은 정치교육에 대한 입장과 무관하게, 교수법에 관한 세 가지의 최소 합의에 도달하였다. 세미나가 개최된 지역 이름을 따라 보이텔스바흐 원칙이라고 명명된 세 가지 원칙은 이후부터 독일 정치교육 교수법의 주요한 원칙으로 활용되고 있다.

보이텔스바흐에서 합의한 최소 원칙

독일 정치교육의 교수법, 방법에 관한 최소한의 기본원칙이라고 할 수 있는 보이텔스바흐 원칙Beutelsbacher Konsens은 **1_강압 금지, 2_논쟁 원칙, 3_정치와 생활의 연계**라는 3가지 원칙으로 구성되어 있다.

1_ 강압 금지(교화 금지)

교사는 어떤 방법을 통해서도 학생에게 하나의 의견을 주입함으로써 학생 스스로 판단하여 입장을 정립하는 것을 방해해서는 안 된다. 즉, 학습자는 수업을 통해 자신의 고유한 견해를 스스로 형성할 수 있어야 한다. 이러한 점에서 정치교육과 교화Indoktrination 간에 차이가 있다. 학생의 계몽이 중요한 목적으로 명시되어 있는 민주주의 사회에서 교화는 결코 교사의 역할이 아니다.

2_ 논쟁 원칙(대립적 논점의 균형 확보)

사회에서 하나의 주제가 대립적인 형태로 나타나는 경우, 이를 정치교육에서 다루는 교사는 주제가 가지고 있는 대립적 입장이 수업에서 분명하게 드러나게 문제를 서술하고 이에 근거해 논의해야 한다. 즉, 논쟁적인 주제는 수업에서도 논쟁적인 관점에서 다뤄야 한다. 이는 첫 번째 원칙과 밀접히 연관되어 있는데 즉, 상이한 관점이 무시되고 다른 선택의 가능성이나 대안이 논의되지 않으면 교화가 이뤄지게 된다.

3_ 정치와 생활의 연계(학습자 지향)

정치교육에서 학습자는 정치적 상황과 자신의 개인적 이해 사이의 관계를 분석하고 자신의 이해관계에 근거하여 정치적 상황에 영향을 미칠 수 있는 수단과 방법을 찾아야 한다. 이를 통해 주제에 대한 자신의 최종 결론을 도출할 수 있어야 한다. 즉, 학생들은 정치적 상황과 자신의 개인적 이익을 연계해서 분석하고 이해할 수 있어야 하고 자신의 이익을 위해 정치적 상황에 대해 영향력을 행사할 수 있어야 한다.

이러한 원칙에 입각하여 정치교육을 실행함으로써 정치교육의 개념이 더 명확히 드러나며, 다양한 정치적 논쟁 속에서 자립적이고 객관적으로 논증된 입장을 지닐 수 있는 능력을 키우게 된다.

독일 정규 학교의 민주시민교육

민주시민교육의 기본 방향을 제시하는 보이텔스바흐 원칙은 학교 교육과정에서도 중요한 의미를 가지고 있다. 보이텔스바흐 원칙의 기본 전제라고 할 수 있는 다원성 원칙은 정치적, 사회적으로 논쟁적인 질문에 대해 학생에게 하나의 고유한 관점만 제시하는 것을 금지하는데 이는 학교의 일반적인 교과 수업뿐 아니라 시험에서도 중요한 원칙으로 제시되고 있다. 실제로 보이텔스바흐 원칙은 사회과 교과 및 사회과 교과 아비투어(독일의 대학 입학 자격 시험)에 관한 문화장관회의의 공통 시험 관련 지침 권고 사항으로 제시되어 있다. 이를 토대로, 학교와 수업을 통해 다양한 관점이 다뤄져야 하며 학교는 이러한 다양한 관점을 이해하고 연습하는 공간이 되어야 한다는 원칙이 제시되었다. 관점의 다양성은 단순히 헌법과 학교법에 제시된 중립적 관점을 의미하는 것이 아니며 수업에서 종교적 근본주의나 교조적 관점과 같은 일방적 관점이 아닌 다양한 가치를 적극적으로 다뤄야 한다는 것을 의미한다.

교육 패러다임이 전환하고 교실 수업도 지속적으로 변화하고 있지만 여전히 가치교육이나 역량 개발과 같은 지식이나 이해 능력을 키우는 일반적인 수업이 주를 이루고 있다. 이러한 상황에서 자주적이고 창의적인 판단 능력을 키우려면 논쟁적인 관점과 행동할 수 있는 방법, 판단, 행위 역량이 매우 중요하다. 독일의 학교 교육은 청소년이 현대 사회의 정치, 사회, 경제 문제에 대해 이해하고 판단하는 능력을 키우는 것, 즉, 자유, 민주주의, 인권, 정의, 경제적 안정, 평화 등 사회의 주요한 가치에 대해 이해하는 능력을 기르는 것을 중요한 과제로 제시한다. 이러한 측면에서 보이텔스바흐 원칙은 학교 교육에서 민주주의 인식 제고를 중요한 과제로 인식하고 모든 학교에서 민주시민교육의 다양한 세부 주제를 다루는 데 있어서 기본 방향이 되고 있다. 보이텔스바흐 원칙은 다음과 같은 세부 방향으로 적용될 수 있다.

1. 실제적 학습

학생들이 개별적인 문제와 갈등을 적극적으로 다룰 수 있게 하고 그것을 통해 다양한 관점에서 문제와 갈등을 파악하는 역량을 가지게 한다. 즉, 다양한 문제를 다루는 가운데 정치, 사회, 경제적 갈등의 근본적인 문제에 대한 구체적인 이해를 할 수 있도록 돕는다.

2. 대조성, 논쟁성

수업에서 정치, 사회, 경제적 갈등은 상이한 관점에서 조명되어야 한다. 이를 위해 각 문제를 이해하고 다루는 데 필요한 평가 척도를 만드는 것이 역량 습득의 핵심 과제가 되어야 한다.

3. 문제 지향

수업 활동의 목적은 각 문제의 해결을 위한 상이한 행위 방법을 평가하는 것이 되어야 한다.

4. 학생 지향

수업에서 사례로 제시된 학습을 통해 학생의 사전 경험과 관심이 적극적으로 고려될 수 있도록 해야 한다.

5. 현재성

수업을 통해 다루는 각 주제의 내용을 학생 생활과 연계하여 현재의 삶에서 의미를 가질 수 있게 하는 것이 중요하다. 즉, 각 내용을 일반화하여 판단할 수 있는 추상화 능력이 적극적으로 다뤄져야 한다.

6. 행위 지향

학교는 실제로 정치 행위가 발생하는 곳이 아닌 가상적 특성을 가진 곳이지만 학생이 적극적으로 행동하고 문제 지향적 행동이 가능할 수 있도록 수업이 이뤄져야 한다. 민주주의에 대한 학습은 학교 현장에서 학교위원회, 학교 당국과의 협력, 논쟁 등 실제적인 주제와 연계한 가운데 이루어진다.

학교 수업 적용 사례: 학교 내 스마트폰 사용 규정[6]

학교 내 스마트폰 사용 문제는 전체 구성원의 학교 생활과 밀접하게 연결된 주제이다. 스마트폰 사용은 생활의 편의라는 실용적 측면뿐 아니라 개인 일상생활의 자유와 권리, 타인의 자유 및 권리 존중 등 다양한 주제와 긴밀하게 연결되어 있기 때문이다. 이에 학교 내 스마트폰 사용 문제는 개인 및 타인의 자유와 권리, 학생으로서의 특수성, 학교 및 학급의 운영 규칙 등 전반적 사항과 종합적으로 연계해 다뤄져야 한다.

---

[6] 본 수업 사례는 독일 바덴뷔르템베르크주 정치교육센터에서 발간한 자료 Der Beutelsbacher Konsens und die neuen Bildungsplaene (pp. 8~21)의 내용을 토대로 작성한 것임.

민주시민교육의 주제로서 학교 내 스마트폰 사용은 내용, 과정, 방법 등의 전체 영역에서 다양한 역량과 연관되어 다뤄져야 한다. 즉, 학교 내 스마트폰 사용의 문제는 첫째, 스마트폰의 사용이 어떠한 문제를 유발하는가와 관련된 전반적 이해를 위한 분석 역량, 둘째, 개인의 권리 보장, 학교 질서 유지 등의 관점 가운데 어떤 입장에서 문제를 다룰지 판단하고 자신의 관점을 정립하는 판단 역량, 셋째, 자신의 관점에 입각하여 문제를 해결하기 위해 요구되는 방안을 수립하고 직접 행동으로 실천하는 행위 역량의 측면에서 다뤄져야 한다. 학교 내 스마트폰 사용과 관련된 전체 역량을 제시하면 〈표 1〉과 같다.

〈표 1〉 교내 스마트폰 사용 주제 관련 민주시민교육 역량

분류	주요 내용	세부 역량
내 용	▶ 교내 스마트폰 사용에 따라 발생할 수 있는 여러 가지 문제의 이해 ▶ 문제 해결에 참여할 수 있는 방법, 문제 해결 절차에 대한 이해	• 문제의 이해 • 참여 방법(개인, 임원) • 해결 절차 판단 및 분석
과 정	▶ 스마트폰 사용에 따른 다양한 문제를 다양한 관점에서 분석 ▶ 문제에 대한 자신의 관점 수립 및 해결을 위한 행동 내용 설정	• 문제 분석(분석 역량) • 관점 확립(판단 역량) • 행동 내용(행위 역량)
방 법	▶ 문제 해결을 위한 가상의 행위 ▶ 학교 단위에서의 실제 행동 방법 고려	• 정치적 행위(방법 역량) • 학교 활동(방법 역량)

각 영역별로 다뤄져야 하는 역량에 대해 살펴보면 먼저, 내용 관련 역량으로 학생이 학교 내 스마트폰 활용에 따라 발생할 수 있는 문제를 이해하고 개인 혹은 학생의 대표로서 스마트폰 활용에 따른 문제에 관한 논의를 어떠한 방식으로 운영하는 것이 적절한지, 각 개인이

그러한 논의에 어떠한 방식으로 참여하는 것이 적절한지 이해하는 것이 필요하다. 이를 통해 학교 내 스마트폰 활용의 문제에 대한 전체 논의가 학교나 개별 학급, 학생이나 교사 등 다양한 차원에서 어떠한 방식으로 진행되어야 하는지 이해하고 분석할 수 있어야 한다.

과정 관련 역량에서는 정치적·사회적 사안, 갈등, 문제 상황을 체계적으로 이해, 분석하는 역량이 다뤄져야 한다(분석 역량). 즉, 스마트폰 사용과 관련된 다양한 관점 ― 개인 권리 측면(개인 차원), 학생 및 교사 등의 타인과의 관계 측면(공적 차원), 수업, 교내 질서 등 전체 운영 측면(체제 차원) ― 을 분석하고 파악할 수 있는 역량이 다뤄져야 한다(분석 역량). 이러한 다양한 관점에 대한 이해를 토대로 자신의 준거를 수립하고 자신의 입장을 서술할 수 있어야 하고 이를 통해 자신의 관점을 명확히 제시할 수 있어야 한다(판단 역량). 이러한 판단 역량에 근거하여 문제 해결을 위해 구체적으로 실행해야 하는 행동 내용(행위 역량)을 설정한다. 즉, 개인 권리 보호, 학교 내 질서 유지 등의 각 관점에 따라 요구되는 행동의 내용을 설정한다. 이러한 과정에서 다른 학교의 상황 및 해소 방안 사례를 참고하는 것이 필요하며, 더 나아가 스마트폰 활용과 관련된 학교 및 사회에서의 논의 등도 적극적으로 참고해야 한다. 이러한 과정이 원활히 운영되기 위해서 논쟁, 의사결정, 설득 전략, 방법 등을 제시하는 자료가 개발·제공되어야 한다.

내용 및 과정 역량에 이어 방법 역량에서는 앞서 학습한 내용을 토대로 개인이 스마트폰 사용과 관련하여 구체적으로 실천하는 데 필요한 역량이 다뤄진다. 즉, 지식뿐 아니라 실제 현장에서 활용할 수 있는 실제 역량을 개발하는 방식으로 학생의 입장에서 할 수 있는 정치적 행위(설득을 위한 홍보, 의사결정 과정에 적극적으로 참여)를 가상적으로 수행함으로써 실제적인 행동 역량을 습득하게 한다. 수업뿐 아니라 토론, 역할 게임 등 학교에서 구체적으로 활동할 수 있는 내용을 직접 실행함으로써 실제적인 행동 역량을 키운다.

차시별 수업 개요 및 진행 방법

수업 예시로서 학교 내 스마트폰 사용 관련 민주시민교육은 총 5차시(각 차시는 2시간으로 구성)로 계획되었다. 각 차시별 내용과 방법, 이를 통해 다뤄지는 역량은 〈표 2〉와 같이 정리할 수 있다.

〈표 2〉 학교 내 스마트폰 사용 관련 민주시민교육 차시별 개요

단계	도입 질문	내용	방법	역량
1차시	교내 휴대폰 사용의 문제점	-학생의 교내 휴대폰 사용 경험 이해 -휴대폰 사용에 대한 학교 간 상이한 대응 상황	-교내 휴대폰 사용이 허용되는 경우? -학생의 공동참여 가능성? -전지활용법	이해 역량
2차시	교내 휴대폰 사용에 대한 법적 규정 및 학교 교칙	-휴대폰 사용 규정 -학교법 -학교회의 결과 -실제 교칙 규정(학교 관리자, 전체 교사회의 결과)	-기본지식 학습 -선경험의 직면 -마인드맵 완성	이해 역량
3차시	민주주의 교육과 학교-더 많은 민주주의를 허용할 것인가?	-교육계획: 민주주의 교육 -상이한 입장에 대한 논쟁	-찬반 토론 -논쟁 -1차 판단 준거 개발	판단 역량
4차시	스마트폰 활용의 딜레마와 가능성	-학교회의에서의 토론	-사례 -역할게임 -차별화 가능성 탐구 -판단 준거	판단 역량
5차시	학교 교칙 개선의 필요성	-학교 교칙의 수정 -학급대표의 학교회의 참여를 통한 새 규정 마련 공동 참여	-형성 -공동 활동 -Think-Pair-Share 기법	행위 역량

□ 1차시: 문제의 인식 단계

1차시에서는 학교 내 스마트폰 사용 시 발생할 수 있는 문제에 대해 일반적인 수준의 인식을 가지게 한다. 먼저 개인의 경험에 비추어 문제를 생각하게 한다. 1차시에는 학생의 생각을 효과적으로 도출할 수 있는 전지활용법Placemat-methode을 사용할 수 있다. 이를 통해 학생들은 서로 깊이 있는 대화를 할 수 있고, 문제의 핵심에 대해 깊이 생각함으로써 논의할 부분을 명확하게 인식한다. 예를 들어 각 반에서 운영하는 스마트폰 관련 규칙의 비교를 통해 문제를 파악하고 현행 스마트폰 사용 규칙을 개선하기 위해 무엇을 해야 하는지에 대해서 공유할 수 있다.

전지활용법을 활용하기 위해 학급의 학생을 3~4개의 그룹으로 나누고, 각 그룹은 한 장의 큰 전지를 받는다. 학생 개인은 전지에 개별 공간을 받고, 전지의 가운데 부분은 그룹의 결과 정리를 위해 비워 놓는다.

첫 번째 단계에서 각 학생은 교내 스마트폰 사용에 따른 문제, 결과, 질문과 같은 자신의 생각을 정리하고 그것을 개인의 개별 공간에 작성한다. 두 번째 단계에서 전지를 시계방향으로 돌려가며 각자 정리한 결과를 서로 교환하여 읽고 비교하여 다른 학생의 생각을 공유

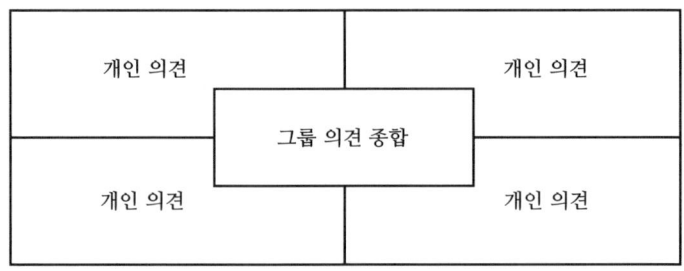

전지활용법 예시

한다. 학생들은 자신의 생각을 확인하고 수정하거나 이의 제기를 하는 과정을 통해 문제에 대해 서로 대화할 수 있다. 이러한 절차를 통해 각 그룹은 그룹 논의 결과를 도출하여 전지의 중앙 공간에 작성한다. 세 번째 단계에서 전지의 그룹 종합 부분을 이용하여 그룹의 논의 결과를 전체 학생 앞에서 발표하여 공유한다. 이처럼 첫 번째 수업에서는 개인 활동, 협동 활동, 발표를 체계적으로 시행함으로써 각자의 생각을 교환하고 수정하는 과정을 학습한다.

교사는 그룹 활동에서 모든 학생이 각자의 역할을 책임 있게 할 수 있도록 지도함으로써 협력 학습이 원활히 이뤄지게 한다. 또한 교사는 그룹 활동에서 전지의 어떤 공간이 비어 있고 채워져 있는지, 어떤 학생의 생각이 주요하게 다뤄졌는지 확인함으로써 추후 지도를 위한 계획을 수립한다.

□ 2차시: 스마트폰 이용에 대한 기존 규칙의 분석

학생들은 공동학습에 참여하여 해당 지역에 있는 학교의 스마트폰 이용 규칙과 학교회의에서 스마트폰 사용 관련 규정을 결정한 방식을 파악한다. 이를 통해 스마트폰 이용과 관련된 규정의 내용을 파악하고 분석하는 역량을 학습한다(분석 역량 학습). 스마트폰 이용 규정이 각 지역 단위의 규정(학교법 등)에서, 또 학교 단위의 규정 결정 과정(학교회의)에서 어떻게 결정되었는지 종합적으로 파악하기 위해 마인드맵 방법을 활용할 수 있다. 마인드맵 방식의 수업은 학생들이 잘 알지 못하는, 법적으로 복잡한 수업 내용을 체계적으로 정리하여 분석하기 용이하게 해준다(분석 역량 학습).

□ 3차시: 학교회의의 논의 주제 명료화

3차시에서는 학교회의에 특별 논의기구로 신설된 제3분과(독립분과)에서 새롭게 제안한 규정을 토대로 논쟁이 이뤄진다. 제3분과를 통해 새롭게 제안된 규정은 그에 대한 찬성자와 반대자 사이에서 논쟁을 통해 차이가 선명하게 드러난다. 이러한 토론에서는 학교에서의 공동결정, 토론에서 학생이 동등한 참여 권리를 가지고 있다는 것을 명료화한다. 이를 통해 이러한 내용은 실제 수업내용으로서 체계적으로 고려된다.

□ 4차시: 가상 학교회의를 통한 활동 학습

역할게임 형식으로 스마트폰 사용이라는 주제에 대한 가상 학교회의가 실제로 이뤄진다(행위 관련 능력). 학교회의에 참여하는 모든 주체(학교 관리자, 학생, 부모 회의, 교사 회의)의 관심이 역할 카드에 제시됨으로써 다양한 관점에서의 접근 및 판단 능력 개발이 가상 학습을 통해 연습된다.

토론에 적극적으로 참여하지 않는 학생들은 토론에서 각 입장의 내용을 정리하는 역할을 수행함으로써 토론 결과의 도출에 참여한다. 적극성을 가지고 참여하는 학생은 교장 역할을 실제로 할 수 있고, 소극적인 학생은 관찰자의 역할로 참여할 수 있다.

계획된 판단 준거를 명확히 하는 것이 매우 중요하다. 이러한 준거는 각 학생이 개인적으로 판단하고 평가하는 것을 가능하게 하는 척도로 활용될 수 있고 이를 통해 판단 역량을 기르게 할 수 있다. 마름모꼴 형태로 만들어진 평가 척도는 다양한 판단 척도가 적극적으로 고려되는 가운데 판단될 수 있다는 것을 학생들에게 명확히 해야 한다.

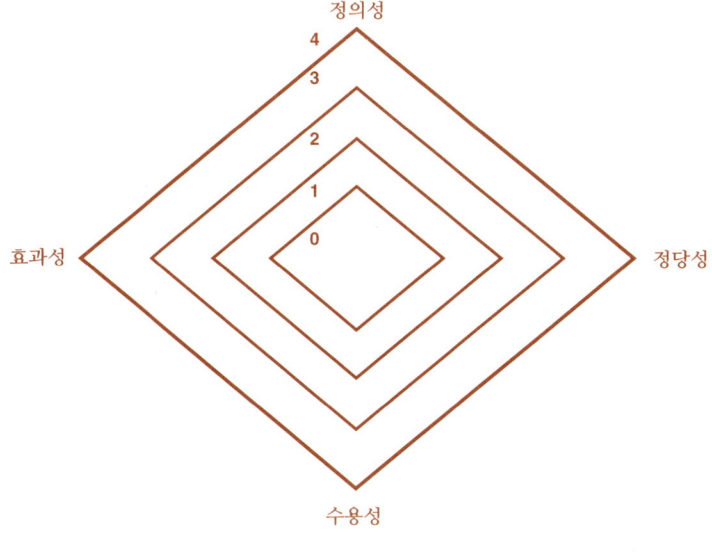

평가 준거의 사례

☐ **5차시: 새로운 대안 개발 학습**

5차시에서는 현 학교 규칙의 수정이 이뤄진다. 학생들은 지금까지 형성한 지식에 근거하여 자신의 이익을 표현할 수 있다. 즉, 그룹 학습을 통해 현재 학교에서 시행되고 있는 스마트폰 사용에 관한 규칙을 검토하고 새로운 내용을 구성할 수 있다(행위 역량). 이러한 그룹 학습은 'Think-Pair-Share 기법[7]'을 통해 효과적으로 학생들의 적극적 참여를 끌어낼 수 있다. 이후 새로운 규칙의 규정화를 위해 학교에서 어떻게 소통할 것인가의 문제를 다룬다. 대체로 학급 대표가 전체 학

---

[7] Think-Pair-Share 기법은 3단계로 구성된 그룹 학습 기법으로, 1단계에서는 개인이 하나의 과제를 수행하고, 2단계에서 파트너와 결과를 공유하며, 3단계에서는 전체 그룹과 결과를 공유한다.

급의 내용을 정리하여 학교회의에 토론 안건으로 제기한다. 이러한 가상 학습을 통해 실제 정치적 행위를 활성화하고 학생의 실제적인 참여를 증진시킬 수 있다.

이해관계를 반영한 실천 역량 학습

학교 내 스마트폰 활용 규정 사례는 독일 민주시민교육의 기본 방향인 보이텔스바흐 원칙이 교육에 어떻게 적용되는지를 적절히 보여준다. 먼저 학교 내 스마트폰 사용에 따른 문제점을 수업의 주제로 다루는 목적 자체가 학생을 지도하거나 계몽하기 위한 목적, 즉 스마트폰 사용을 규제하기 위한 것이 아닌, 개방된 입장에서 문제를 스스로 인식하게 하고 바람직한 방향을 찾는 것에 수업의 목적이 있다는 것을 보여준다. 이러한 기본 방향에 따라 문제 인식, 기존 상황 파악 및 분석이 이뤄지는 전체 수업의 초반 단계에서 교사의 관점이 제시되지 않고 학생의 경험과 생각을 중심으로 문제를 파악하는 과정을 거친다(강압 금지). 이러한 과정에서 1차적으로 학생들이 충분히 자신의 경험과 생각을 공유할 수 있는 시간을 갖게 되고 이를 통해 문제점이 분석된다. 또한 기존 규정 분석을 거쳐 토론이 이뤄지는 과정에서도 교사의 견해나 결론적 내용이 제시되는 것이 아니라 학생 스스로 문제를 파악하고 직접 분석할 수 있는 능력 신장에 목표를 둔 활동이 이뤄진다. 이를 통해 보이텔스바흐 원칙의 제1원칙이 계속 지켜진다. 수업의 중반 단계(2, 3차시)에서는 학교 내 스마트폰 사용이 가져오는 여러 가지 특성이 다양한 관점에서 제시된다. 수업 방법의 측면에서 하나의 일방적 관점이 제시되는 것이 아니라 찬반 토론, 역할 게임 등을 통해 다양한 관점이 균형적으로 다뤄진다. 이를 통해 보이텔스바흐 원칙의 제2

원칙(논쟁 원칙)이 수업에서 다뤄진다. 수업의 후반 단계(4, 5차시)에서는 학생의 다양한 이해관계가 학교의 관련 규정에 구체적으로 반영되는 것을 학습할 수 있도록 직접 참여 및 새로운 규정 마련의 과정이 가상적 공동학습 형태로 실행된다. 이를 통해 보이텔스바흐 원칙의 제3원칙(정치와 생활의 연계)이 다뤄진다. 이와 함께 본 사례에서는 학습을 통해 형성된 결과를 학교 내 의사결정 기구인 학교회의Schulkonference에 직접 참여하여 논의하는 과정을 거친다. 실제로 학교 규정 개선 과정을 학습하게 함으로써 내용뿐 아니라 행동 역량이 습득되는 것이다. 이러한 과정을 통해 학습자의 이해관계가 관련 규정 마련 단계에 적극적으로 반영되는 것을 직접 학습할 수 있다.

보이텔스바흐 원칙의 적용 예시

수업 내용	적용 원칙			비고
	①강압 금지	②논쟁 원칙	③정치와 생활의 연계	
1차시(문제 인식)	●			
2차시(기존 규정 분석)	●			
3차시(토론)	●	●		
4차시(학내 토론)	●	●	●	
5차시(새로운 규정화)			●	

참고문헌

Baden-Württemburgische Landeszentrale für poltische Bildung(2017): Der Beutelsbacher Konsens und die neuen Bildugnspläne, Unterrichtsmodelle für Gemeinschaftskunde und WBS in Baden-Württemberg in der Sekundarstufe I. Landeszentrale für poltische Bildung Baden-Württemburg

Widmaier, B., Zorn, P 외: Brauchen wir den Beutelsbacher Konsens? Bundeszentrale für politische Bildung.

Wolfgang W. Mickel 외(1988), Handbuch zur politischen Bildung, Bundeszentrale für politische Bildung

Hermann Geisecke, die Konfliktdidaktik, GRIN Verlag

보이텔스바흐 수업에
활용할 만한 흥미로운 주제들

초등 수준의 주제와 참고할 영상

● 줄을 서거나 출석번호를 매기는 데 남녀 구분이 필요한가?

– 학교에서는 효율적이라는 이유로 남자와 여자로 나눠 줄을 세우거나 출석번호를 매길 때 남자를 앞번호에 배정하고 여학생은 뒷번호에 배정하곤 한다. 그런데 이것이 무의식적으로 남자를 우선시하는 의식을 갖게 할 수 있으므로 국가인권위에서 성차별이라고 판단하였다. 이에 대해 논쟁을 해보고 대안이 될 방법도 찾아보고 실천해 보자.

https://www.youtube.com/watch?v=LyGj7Pt33VY

● 친구들을 초대하는 생일파티, 금지해야 하는가?

– 생일은 친구들의 축하를 받으며 행복하게 보내는 것이 맞다. 그러나 요즘 거창한 생일파티로 인해 경제적 부담을 느끼는 부모도 있고, 친구들 간에 위화감을 갖게 한다는 지적도 있다. 또 친구 생일파티에 초대받지 못해 상처를 받거나 소외감을 느끼는 아이들도 있다. 친구들을 초대하는 생일파티를 하는 것이 좋을지, 자제하는 것이 좋을지 자신의 경험을 바탕 삼아 이야기해 보자.

https://www.youtube.com/watch?v=0z5WADpjdS8
https://www.youtube.com/watch?v=Q8uLeiTTn1I

● 숙제는 반드시 해야 하는가?

- 숙제는 반드시 있어야 하는지 논쟁을 해보고 필요하다면 알맞은 숙제의 종류나 분량은 어떠한지, 숙제를 잘 해오지 않은 학생들에게는 어떻게 하면 좋을지 합의를 해보는 것도 재미있는 논쟁거리가 될 수 있다.

https://www.youtube.com/watch?v=sAjAONTik8U
https://www.youtube.com/watch?v=FDBIuTd-B3Y

● 초등학생들의 크리에이터 활동을 허용해야 하는가?

- 요즘 초등학생들의 장래희망 1순위가 '1인 크리에이터' 또는 '아이돌'이라고 한다. 성공한 초등학생 유튜버 몇몇은 어른도 벌기 힘든 큰돈을 벌어들이고 있기 때문이다. 어린아이들이 유튜브 방송을 하고 큰돈을 버는 것을 지금과 같이 허용해도 되는가에 대해 논쟁해 보며 자신의 진로도 생각해 보고 올바른 인터넷 소통 방법에 대해서도 짚어 보자.

https://www.youtube.com/watch?v=X00X_C6Y1JU
https://www.youtube.com/watch?v=3zOwlxItfnk

● 학교 급식 반드시 다 먹어야 하는가?

― 교사나 학부모의 입장에서는 학생들의 바람직한 성장을 위해 균형 잡힌 식사를 할 수 있도록 급식을 다 먹이고 싶은 마음이 크다. 그렇다고 학생들이 싫어하는 음식을 억지로 먹일 수는 없다. 학생들의 의견을 들어보고 적당한 합의점을 찾아 규칙을 정한다면 급식 신경전은 사라지지 않을까?

https://
www.youtube.com/
watch?v=
nhUaqQbQL2I

https://
www.youtube.com/
watch?v=
6lVskcu_458

● 국립공원에 케이블카 설치를 금지해야 할까?

― 국립공원에 관광용으로 케이블카를 설치해 지역 경제도 살리고 보다 많은 사람들이 아름다운 관광지를 이용할 수 있도록 해야 할까? 아니면 자연을 더 훼손할 수 있으니 더 이상의 개발을 막아야 할까? 개발과 보존이라는 환경문제에 대해 생각해 보자.

https://
www.youtube.com/
watch?v=
6WIh-9Errso

● **성형수술을 어떻게 생각하는가?**

— 선천적이거나 사고로 인한 기형을 해결하기 위한 성형수술이 아닌 미용을 위한 성형수술을 하는 것에 대해 어떻게 생각하는지 이야기해 보자.

https://www.terms.naver.com/entry.nhn?docId=5728912&cid=51648&categoryId=63595

● **인터넷 축약어 사용해도 될까?**

— 축약어는 자신의 생각을 짧은 시간에 전달할 수 있게 해주고, 친근감을 준다. 하지만 학생들과 어른들 사이에 축약어의 뜻을 이해하지 못하거나 오해하여 서로의 대화를 단절시키기도 한다. 또한 한글 맞춤법을 헷갈리게 만들기도 한다. 인터넷 축약어 사용에 대해 이야기해 보자.

https://news.mt.co.kr/mtview.php?no=2017092913045439464&outlink=1&ref=http%3A%2F%2Fsearch.naver.com

중등 수준의 주제와 참고할 영상

● 진정한 친구는 왜 드물까?

- 진정한 친구에 대한 나름대로의 정의를 내리고 열띤 논쟁을 하다 보면 친구의 소중함을 깨달을 수 있을 것이다.

https://
www.youtube.com/
watch?v=
zXaMWhGyK_E

● 성적은 능력을 보여주는 걸까?

- 체육을 잘하고, 그림을 잘 그리고, 친구들과의 인간관계가 좋고, 주변 사람들을 즐겁게 해주는 것도 능력이다. 그런데 현실은 '성적=능력'이라고 여겨진다. 이런 현실이 정당한 걸까?

https://
www.youtube.com/
watch?v=
t4K8oPZNpMA

● 부자가 행복할까?

- 물질만능시대에 부자로 산다는 것이 누군가의 부러움의 대상이 될 수도 있지만 부러움을 받는 것이 반드시 행복하다고 정의 내릴 수만은 없다. 논쟁을 통해 행복한 삶의 의미에 대해 고민해보자.

https://
www.youtube.com/
watch?v=
GxzF8iASY7E

● 자본주의는 왜 위기에 빠졌는가?

– 그동안 우리나라는 경제 회복을 위해 자본주의를 외쳐왔고, 그로 인해 부와 가난의 양극화가 심화되고 있다. 공생보다는 경쟁으로 정의 내릴 수 있는 자본주의는 왜 위기에 빠지게 되었는가?

https://
www.youtube.com/
watch?v=6oV84CrEveI

● 우리는 무엇을 위해 살아가고 있는가?

– 사람들은 보통 앞만 보고 달리기 마련이라 '왜, 어떻게' 살고 있는지 주변을 둘러볼 시간을 갖기가 쉽지 않다. 우리는 무엇을 위해 살아가고 있는지 논쟁해 보자.

https://
www.youtube.com/
watch?v=
tvqpgMNdUvk

● 남녀공학 학교를 확대해야 할까?

– 여학생과 남학생이 어울리면서 생겨나는 교실에서의 문제점은 없는지 이와 반대로 장점은 어떤 것들이 있는지 상황을 던져 논쟁해 보자.

https://
www.youtube.com/
watch?v=
PdjccMe3Jb8

◉ 사형제도는 폐지되어야 하는가?

- 흉악한 범죄가 여전히 발생하고 있음에도 불구하고 사형제도는 폐지되어야 할까? 인간의 존엄성은 어디까지 존중해야 할까? 응보적이 아니라 회복적 교육으로 범죄자를 선하게 이끌 수 있는지 함께 논쟁해 보자.

https://
www.youtube.com/
watch?v=
uknzNIDYBDI

◉ 환경 보호와 경제 개발 중 무엇이 우선인가?

- 환경 보호를 우선으로 하면 경제 개발의 성과를 내기가 쉽지 않다. 하지만 발전만을 추구하는 경제 개발을 하다 보면 환경이 파괴되어 문제가 발생하게 된다. 이런 문제에도 불구하고 경제 개발을 해야 할까?

https://
www.youtube.com/
watch?v=
zXaMWhGyK_E

◉ 연예인은 공인인가?

- 공인은 공적인 일에 종사하는 사람을 뜻하는 말이다. 연예인을 공인으로 보아야 할까? 아니면 그저 유명한 사람일 뿐인가?

● 영화의 역사 왜곡, 괜찮을까?

- 2019년 8월. 화려한 캐스팅과 함께 130억 원을 들여 만든 영화 〈나랏말싸미〉가 역사 왜곡 논란에 휩싸였다. 영화의 상상력은 어디까지 허용될 수 있을까?

● 불편하게 만드는 파업은 하면 안 되는 것인가?

- 2019년 7월. 전국 학교 비정규직 노동조합은 기본급 인상과 정규직과의 수당 차별 해소를 요구하며 총파업을 벌였다. 학생들이 입는 선의의 피해와 비정규직의 권리 찾기라는 팽팽한 이견에 대해 고민해 보자.

● 대학에 가야 할까?

- 우리 사회의 학력 중시 풍조는 여러 가지 사회문제를 낳고 있다. 대학에 꼭 가야만 할까? 대학 진학 후, 또 다른 문제에 봉착하는 대학생의 모습을 영상으로 확인할 수 있을 것이다.

● 용서하느냐 vs. 처벌하느냐

- 죄를 지은 상대를 용서하는 것은 쉬운 일이 아니지만 죄를 지은 상대가 충분히 반성하고 용서를 구한다면 화해할 수도 있다. 나치의 만행에 대한 독일의 태도가 잘 드러난 영상은 한국과 일본의 관계에 대해 돌이켜 볼 때 활용하면 좋다.

● 스트레스 해소를 위해 욕이 필요할까?

- 사람들은 보통 화가 나거나 분노가 솟구칠 때 욕을 한다. 욕을 할 때 스트레스가 풀린다는 사람도 있다. 욕은 과연 필요한 것일까? 욕과 관련된 과학 정보가 담겨 있는 영상을 보면서 바른 언어의 소중함을 생각해 보자.

문학에서 찾은 주제: 소설

● **현실과 이상의 갈등?**

– 남녀 사이의 사랑을 주제로 다룬 애정소설. 전통과 관습만 중시하는 사회제도가 개인의 삶을 억눌렀던 사회의 모순을 꼬집은 소설이다. 현실에 맞추어 살아야 할지, 내가 꿈꾸는 이상을 추구해야 할지 함께 논쟁할 수 있다.

고전소설 「운영전」

● **개인의 사생활, 어떻게 보호해야 하나?**

– 소설의 등장인물인 기표가 무서움에 떠는 이유는 개인의 약점인 가정의 불행을 공론화시켜서 주먹을 휘두른 것보다 더 무섭게 기표를 주저앉혔기 때문이다. 지금은 이런 폭력이 SNS를 통해 더 확산되고 있다. 이에 대하여 자유롭게 논쟁해 보자.

전상국 「우상의 눈물」

● **성장과 분배 무엇이 우선되어야 하나?**

– 개인의 노력과 성실만으로는 더 이상 계층 간의 이동이 불가능한 시대에, 성장만을 생각해야 할지 아니면 분배를 우선하여 최저임금을 올려 창출된 부를 고르게 나누어 가져야 할지 논쟁해 보자.

박민규 「그렇습니까? 기린입니다」

◉ 개인과 사회, 어느 것이 우선되어야 하나?

− 사회와 개인의 조화를 고민하던 주인공 이명준은 광장과 밀실보다는 제3의 길을 택하지만 제3국으로 가는 배 위에서 바다로 투신자살한다. 어느 한쪽만을 강요하는 이데올로기를 거부하면서 선택한 제3의 이데올로기는 존재하지 않았던 것이다. 개인과 사회 어느 것이 더 중요한지 논쟁해 보자.

최인훈
『광장』

◉ 아픈 만큼 성장한다?

− 5명의 학생들이 저마다 성인이 되는 과정을 글로 나타내었다. 아픔이 있어야만 성인이 될 수 있는 것일까? 성장통을 견뎌내는 방법은 없을까? 사춘기의 관문인 성장통을 그냥 견뎌내야 하는 것인지 다양한 의견으로 논쟁할 수 있다.

이상권
『성인식』

◉ 교실 안 민주주의, 어떻게 시작해야 하나?

− 새 담임인 김 선생은 교실 속 독재자 엄석대의 제국을 한 번에 날려버린다. 이런 김 선생의 지도는 과연 바람직했을까? 어떤 것이 진정한 민주주의일까? 김 선생도 또 다른 엄석대가 아니었을까? 함께 고민해 보자.

이문열
『우리들의 일그러진 영웅』

문학에서 찾은 주제: 시

- **민중의 힘을 어떻게 실현해야 하나?**

  − 4·19 직후에 쓰인 이 시는 자유를 얻으려는 행동에는 어려움과 고독까지도 받아들여야 한다고 말한다. 지금 우리 사회를 비판적으로 성찰하면서 사회적 진실에 어떻게 대응해야 할지 고민해 보자.

  김수영 「푸른 하늘을」

- **부조리한 현실에 어떻게 대응해야 하나?**

  − 광주민주화운동을 담은 이 시는 군사독재로 인해 피폐된 한국 사회의 암울한 현실을 벗어나고자 하는 소망과 함께 사회의 냉소적 태도와 무력감을 노래하고 있다. 부조리한 현실에 어떻게 대응해야 하는지 논쟁해 보자.

  황지우 「새들도 세상을 뜨는구나」

- **순수함을 어떻게 지킬 수 있을까?**

  − 이 시는 4월 혁명을 토대로 한 저항시로 허위나 겉치레는 사라지고, 순수한 마음만이 남아 있기를 바라는 화자의 간절한 마음을 표현했다. 자신이 생각하는 순수함과 불합리한 것은 무엇이고 이런 순수함을 어떻게 지켜낼 수 있을지 논쟁해 보자.

  신동엽 「껍데기는 가라」

이 책을 추천합니다!

교육은 미래의 변화에 대비해야 합니다. 앞으로 우리의 가장 큰 변화는 통일입니다. 이 책은 언제 올지 모를 통일의 시대에 어떤 교육이 이루어져야 하는지 분명하게 제시하고 있습니다. - **김영재** 교육부 교과서정책과장

이 책은 정치와 이념 갈등을 넘어 우리 아이들이 성숙한 민주시민으로 자라날 수 있도록 보이텔스바흐 원칙의 이론과 실제를 적절히 섞어 제시하고 있습니다. 미래사회에 필요한 역량을 키우기 위한 학교교육의 핵심은 결국 교원의 전문성 신장에 달려 있으며, 이러한 노력을 담아 책으로 엮어 보여준 연구회에 큰 박수를 보냅니다. - **손성호** 교육부 학교정책과 교육연구관

초·중·고 교원이 함께 모여 수업에 대해 논의하고 학생들에게 미래사회에 필요한 역량을 기르기 위한 수업 방안을 고안한 것은 매우 의미 있는 일이라고 할 수 있습니다. 수업으로 소통하는 학교급간 교육 활동이 지속되기를 바랍니다. - **김웅수** 인천광역시교육청 초등교육과장

수업은 교사의 언어입니다. 학생은 교사의 언어를 통해 성장합니다. 이 책은 직전교육을 받는 교육대학생들과 사범대학생들의 필독도서로도 충분합니다. - **노송성** 산곡고 교장, 인천대학교 대학원 겸임교수

헨리 지루는 그의 책에서 '교사는 지성인이다.'라고 하였습니다. 『보이텔스바흐 수업』책을 펼치는 순간 비판적 지성인으로서의 선생님들의 열정을 엿볼 수 있습니다. -**김시운** 청라고 교장, 교육학 박사

민주적인 의사소통 능력은 나와 다른 생각을 지닌 사람들과 더불어 살아가는 데 매우 중요합니다. 보이텔스바흐 원칙 수업 개발과 초·중·고 수업 적용 사례는 논쟁 수업 실행의 어려움을 겪는 교사와 예비 교사들에게 새로운 모델이 될 수 있을 것입니다. -**이명규** 경인교육대학교 음악교육과 교수

이 책은 보이텔스바흐에서 합의된 원칙 자체를 설명하려는 것이 아니라 우리 사회의 다양한 문제들의 해결 방법에 대해 이야기하고 있습니다. 그리고 교육의 미래에 대해 말하고 있습니다. -**최범상** 인천신정중학교 교장

좋은 수업이란 무엇일까요? 학습자에게 재미와 흥미를 주어야 하고 의미가 있어야 합니다. 『보이텔스바흐 수업』은 좋은 수업이 갖추어야 할 이 세 가지를 모두 담고 있습니다. -**노희진** 선인고등학교 교사

현직 선생님들뿐 아니라 초·중등 예비교사들에게도 수업에 대한 목마름을 해결할 수 있는 소중한 수업자료가 될 것입니다.
-**김은주** 경인교육대학교부설초등학교 교사

초등학교에서도 논쟁 수업이 가능하다는 것을 보여주는 좋은 예라고 할 수 있으며, 민주시민교육의 출발점이 어디인지 알게 해 준다는 점에서 신선하게 다가왔습니다. -**김차명** 경기배곧초등학교 교사

교실에서 시작하는 민주시민교육
보이텔스바흐 수업

1판 1쇄 인쇄	2020년 3월 6일
1판 1쇄 발행	2020년 3월 13일

지은이	강구섭, 김경옥, 배수아, 유충열, 윤수정, 윤자영, 장준철, 최윤아, 최은미, 최찬혁
펴낸이	한기호
편 집	여문주, 권효정
마케팅	연용호
경영지원	김윤아
디자인	박소희
인 쇄	예림인쇄

펴낸곳	(주)학교도서관저널
출판등록	제2009-000231호(2009년 10월 15일)
주 소	서울시 마포구 동교로12안길 14(서교동) 삼성빌딩 A동 3층
전 화	02-322-9677
팩 스	02-322-9678
전자우편	slj9677@gmail.com
홈페이지	www.slj.co.kr

ISBN	978-89-6915-068-4 03370

이 도서의 국립중앙도서관 출판예정도서목록(CIP)은 서지정보유통지원시스템 홈페이지
(http://seoji.nl.go.kr)와 국가자료공동목록시스템(http://www.nl.go.kr/kolisnet)에서 이용하실 수 있습니다.
(CIP제어번호 : CIP2020008739)

* 책값은 뒤표지에 적혀 있습니다.